ANNALES

DE

LA VILLE D'AUCH.

PAR M. FILHOL, Propriétaire.

L'Histoire est le témoin des Temps, la lumière de la Vérité, la vie de la Mémoire, la maîtresse de la Vie, la messagère de l'Antiquité.

Historia testis Temporum, lux Veritatis, vita Memoriæ, magistra Vitæ, nuntia Vetustatis.

CICERO, de Orat., lib. II, num. 36.

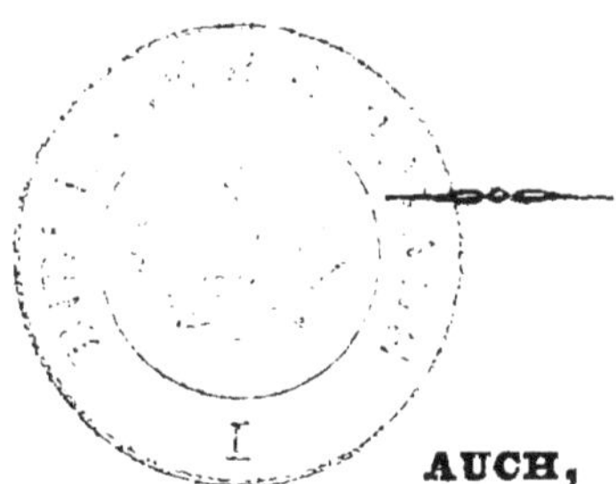

AUCH,

J.-A. PORTES, IMPRIMEUR DE LA PRÉFECTURE,

RUE DESSOLLE, N. 24.

1835.

On peut s'apercevoir que les Annales commencent au moment où éclate la Révolution. J'ai pensé que le Public en verrait l'impression avec plaisir.

ANNALES

DE

LA VILLE D'AUCH.

En 1789. — Le 26 Juillet, les Citoyens des trois Ordres présidés par MM. les Echevins s'assemblèrent après-midi dans l'Eglise des Pères Cordeliers de la ville d'Auch, et délibérèrent de faire une Adresse aux Représentans de la Nation assemblés à Versailles, pour avoir sauvé la France des coups qui la menaçaient.

De suite, MM. les Consuls se rendirent auprès de M. l'Archevêque pour le supplier de vouloir faire chanter le *Te Deum* dans l'Eglise Métropolitaine, où tous les Ordres seraient invités.

La ville célébra, par un feu de joie et une illumination générale, l'union des trois Ordres.

Nous venons de parler d'une Adresse faite aux Représentans de la Nation assemblés à Versailles. La voici :

ADRESSE

A MESSIEURS

COMPOSANT L'ASSEMBLÉE NATIONALE.

« Elle est donc opérée cette Révolution
» dont le sage Mabli fut trop prompt à dé-
» sespérer ! La prospérité Publique fondée
» sur l'ordre et sur les bonnes lois repressives
» va se faire remarquer dans toute l'étendue
» de l'Empire. Les Français vont rentrer
» dans leurs Droits. Les injustices, les abus
» qui s'étaient introduits depuis plusieurs
» siècles vont disparaître pour toujours. De-
» puis long-temps le Peuple Français de-
» mandait qu'on détruisît ces abus. Le Roi
» lui-même le désirait : son cœur digne de
» régner par l'amour luttait secrétement avec
» vous contre le Despotisme. Ah ! ce n'est pas
» lui qui en jouissait ; son nom seulement en
» autorisait les abus. Le Despotisme était
» pour ces orgueilleux Aristocrates, ces Con-

» seillers perfides qui n'ont pu tenir contre
» la dignité de la Nation assemblée. Obsédé
» par cette Cohorte avide et mensongère,
» son cœur a pu quelque temps être séduit,
» et regarder comme des témoignages d'un
» pur zèle pour son Autorité, les tentatives
» effrénées de leur ambition personnelle.
» Mais enfin, il a su apprécier les lumières et
» le courage de ce Peuple admis auprès de sa
» Personne sacrée; il a reconnu dans ces Ci-
» toyens, ceux qui furent dans tous les temps
» les vrais amis de sa Puissance protectrice,
» ceux qui ne brisèrent jadis les fers de la
» Tyrannie féodale, que pour redevenir li-
» bres, en obéissant à ses suprêmes Lois.

» Déjà il rappelle auprès de lui ce Minis-
» tre que ces services ont naturalisé parmi
» Nous, et dont la présence a toujours vivifié
» les différens canaux de la richesse natio-
» nale. Trois fois ce sage et vertueux Aristide
» a été condamné à un glorieux ostracisme
» par ceux que le nom de juste importune,
» et toujours le Génie tutélaire de la France
» l'a replacé au timon de l'Empire.

» Consommez donc, Messieurs, sous ces » heureux auspices, le grand œuvre de la » régénération publique; en Vous réside le » foyer de l'énergie nationale; c'est par Vous » que nous attendons que notre caractère » soit fixé, et notre destinée invariablement » affermie. Les Charlemagne, les Louis IX, » les Louis XII, vous commandent, en fa- » veur de Louis XVI, la constance dans vos » généreuses résolutions, et le succès de vos » vues patriotiques. Non, il ne pourra être » complétement appelé Père de la Patrie, » que lorsqu'il il y en aura une; et Louis » XVI est digne de n'être le plus puissant, » qu'en même temps qu'il sera le plus chéri » des Rois. Formez-lui donc, avec le plus » tendre intérêt, ce règne sur les cœurs, le » seul digne du sien; que la Constitution que » vous allez former, soit empreinte de ce » touchant caractère, afin que l'Univers ap- » prenne que le Français, né essentiellement » libre, ne peut, ni ne doit jamais consentir » à aliéner les imprescriptibles Droits de son » origine; qu'il a pu être avili durant plu-

» sieurs siècles, mais que ce n'était là qu'une » erreur de la tendresse qu'il porte à ses Sou- » verains; et que s'il est un Despotisme au- » quel il puisse céder, c'est celui de l'amour » et de la bienfaisance.

» Les flammes généreuses du Patriotisme, » qui ont jeté un si grand éclat dans la Ca- » pitale, se sont communiquées aux extré- » mités du Royaume; cette Ville superbe, le » centre des Sciences et des Arts, est devenue » aussi le modèle du courage et de toutes les » vertus patriotiques. Ici, tous les Habitans, » sans distinction de rang ni de fortune, se » sont ralliés aux Drapeaux de la Patrie; ils » ont arboré le symbole, et pris l'engage- » ment de la défense commune; et le titre » de Citoyen est devenu le plus honorable, » comme le plus cher à tous les cœurs.

» Ils ont juré à Dieu, ce souverain Maître » des Peuples et des Rois, de faire le sacrifice » de leurs vies et de leurs biens, pour main- » tenir la splendeur du Trône et la liberté » de la Nation; ils ont en conséquence dé- » claré qu'ils adhéraient de cœur et d'esprit

» aux Arrêtés de l'Assemblée Nationale des » 17 et 20 Juin, ainsi qu'à celui du 23 à » l'issue de la Séance Royale, et à tous ceux » qui émaneront d'une Assemblée qui ho- » nore la Monarchie. »

La même année, organisation de la Garde Nationale. Elle entend que les troupes de ligne en garnison prennent la Cocarde Nationale ou tricolore.

Refus de la part des officiers. Les soldats avec les sous-officiers s'emparent de la caisse et des drapeaux, et les officiers sont renvoyés.

Changement ensuite dans les Administrations civiles et le Clergé.

C'est cette année, appelée par quelques-uns l'*année de la peur*, qu'une terreur panique s'empara de la ville et de toutes les campagnes environnantes.

Le bruit courut tout-à-coup que trois cent mille brigands s'avançaient, portant la désolation en tous lieux, et mettaient tout à feu et à sang.

On battit la générale, on cria aux armes. Tout le monde se porta devant l'hôtel-de-ville; un régiment de grosse cavalerie qui y était en garnison s'y rendit aussi et se rangea en bataille.

On se regardait les uns les autres. On était tout étonné.

Ce qui augmentait encore plus l'épouvante, c'est l'arrivée de certains voyageurs qui disaient : Nous sommes passés par tel endroit. Les uns venaient de l'Isle-Jourdain, les autres de Lectoure : de tous côtés, disaient-ils, on n'entend que le tocsin. Les gens devenaient fort sérieux.

Ce qui confirmait ce que disaient ces voyageurs, c'est un homme qui vint du faubourg St.-Pierre sur la place de la commune, porter la nouvelle qu'un homme était passé à grand course de cheval par la rue St.-Pierre, qui avait dit que le bois de Bouconne était rempli de ces brigands, et que l'on sonnait aussi partout.

Voilà l'effroi qui redouble; les mouvemens augmentent, mais le régiment de cavalerie ne paraissait pas s'émouvoir.

Quant à moi, quoique fort jeune, âgé de

16 ans, réfléchissant sur ces brigands, je ne pouvais imaginer une formation si subite d'un corps de brigands aussi nombreux. La chose était possible, mais je pensais que cela n'était pas.

Il est bon d'observer que cet homme, qui passa par la rue de St.-Pierre à grand course de cheval, s'en fut du côté de Pavie et de Masseube, portant la terreur et l'épouvante dans toute cette contrée.

On entendit de suite le tocsin dans toutes les campagnes; on courut aux armes, chacun s'armait comme il pouvait.

Cependant on en vit plusieurs se sauver dans les bois.

Certains abandonnaient leurs maisons; d'autres, qui battaient le blé, abandonnaient les aires; et, par leur exemple que l'on voyait de loin, d'autres paysans prennaient aussi la fuite sans savoir ni pourquoi, ni comment.

On peut se figurer combien grande devait être la peine de beaucoup de monde. Mais, au bout de tout cela, les brigands n'arrivaient jamais. Ils étaient partout, et ils n'étaient nulle part.

On fit de suite garde à Auch, nuit et jour. Le régiment de cavalerie en fit aussi.

On fit patrouille; on poussa des reconnaissances, des découvertes bien loin; on ne rencontra jamais des brigands, on ne vit personne.

Ce ne fut que le 3me jour qu'on s'aperçut qu'on était dupe. Alors chacun rentra chez soi. Il y eut beaucoup de monde de content.

Maintenant on sait ce que c'était que ces brigands.

C'était un coup qui partait de Paris.

C'était un coup de théâtre joliment exécuté. On sait que c'est M. de Mirabeau qui en est l'auteur. C'était pour faire armer tout le monde, et on y réussit bien.

Semblable au fluide électrique qui traverse l'atmosphère avec une étonnante rapidité, de même l'armement de tout le Royaume eut lieu en un seul jour et presque en un instant.

En un clin-d'œil, il se leva dans toute la France une milice innombrable (*).

(*) V. l'Histoire de Louis XVI, par Bouvet de Cressé.

1790. — On prononça le Discours suivant.

CHERS ET HONORÉS COMPATRIOTES,

« Il va donc se consommer, le grand œuvre
» de la reconstitution politique ! Qu'elle est
» rapide dans le bien, notre Assemblée Natio-
» nale ! Qu'elle est toute puissante la volonté
» d'un Peuple qui brise les fers du Despo-
» tisme ! Oui, la Liberté va régner, et les
» bases de la fédération française, sont déjà
» presque toutes posées. Tout à l'heure vont
» s'organiser ces Conseils dispensateurs de la
» fortune publique, réservoirs fidèles qui,
» loin d'en précipiter l'écoulement dans un
» gouffre avare et pestilentiel, feront refluer
» sur les Citoyens leurs propres tributs, et
» les enrichiront de leurs sacrifices. Bientôt
» vont s'élever ces Tribunaux dont la con-
» fiance universelle qui doit les former, nous
» garantira la droiture et les lumières.

» Contemplerons-nous, sans enthou-

» siasme, cet ordre sublime? Ne formerons-» nous pas autour de nos Concitoyens, dé-» positaires du bien public, une enceinte » formidable unie par les liens de la frater-» nité militaire? Et la coalition des Hommes » éclairés et vertueux à qui on confiera l'exer-» cice de nos droits rétablis, ne doit-on pas » la voir parmi les défenseurs armés de la » Patrie!

» Certes, les avantages que nous venons » de reconquérir, sont d'un assez grand prix » pour rallier toutes nos forces autour de la » Constitution qui nous en assure l'usage. La » douce égalité, heureuse un jour à ceux-là » même qu'elle humilie aujourd'hui; la pros-» cription de ces gothiques priviléges qui » plaçant des Hommes entre le dédain des » rangs supérieurs, et la haine ou l'envie des » classes inférieures, les isolaient au sein » même de l'Etat; la terre libre comme les » Hommes qu'elle nourrit; la moisson or-» gueilleuse de ne plus naître esclave; le » régime électif près d'embrasser toutes les » parties de l'administration civile et reli-

» gieuse ; la touchante perspective de voir » sur nos têtes, dans tous les degrés de l'hié- » rarchie sociale, des Citoyens persuadés » que leur pouvoir est un dépôt, non une » propriété ; un engagement public, non une » prérogative personnelle ; et le civisme enfin » devenu l'ame du Gouvernement français ; » ces différens rapports de prospérité publi- » que, ne méritent-ils pas bien d'être pro- » tégés par la puissance la plus irrésistible ?

» Notre contenance, au milieu d'une Pa- » trie que nous retrouvons, nous est tracée, » chers Camarades, dans l'évènement qui » nous l'a rendue. Cet élan sublime de nos » frères d'armes, les braves Parisiens, devant » qui s'écroulaient les murs de l'odieuse » Bastille, retrempait le caractère national ; » lorsque nos augustes Représentans ont été » lire les droits de l'Homme dans l'abyme » où le Despotisme les tenait ensevelis, la » valeur unie d'un Peuple soldat leur en » avait ouvert les barrières ; elle éclairait à » Paris la législation ; elle lui donnait ce ca- » ractère de grandeur qui la rend si respec- » table.

» Considérez, depuis cette époque illustre » dans la Capitale de la Patrie, le conseil de » la liberté publique inséparable de la force » qui la protége, et les liens respectifs des » deux puissances, resserrées par l'impor- » tance de l'intérêt qui les réunit. Il faut que » nos Villes présentent, avec le spectacle de » l'organisation civile, le même tableau de » l'union guerrière entre les Citoyens chargés » de la défense commune : l'esprit public qui » s'élèvera de ce foyer d'énergie morale et » physique, y obtiendra cet heureux mé- » lange de sagesse et de fierté, l'essence » du civisme ; il circulera dans toutes les » veines du Corps politique ; il formera cette » opinion nationale, si nécessaire à la conser- » vation des droits que nous avons recouvrés.

» Nous avons créé la liberté ; en êtes-vous » dignes ? nous semble dire l'auguste Con- » grès. Entendons-le, chers Camarades ; la » liberté n'est pas un don, mais une con- » quête ; méritons-la. Le vrai moyen d'en » imposer à nos ennemis, c'est de nous unir » par un serment solennel, de tous les lieux

» qui composent ce centre de la division poli-
» tique de notre Département. Venez donc,
» chers Camarades, reconnaître ici vos droits
» et contempler vos destinées. L'auguste cé-
» rémonie qui va nous déclarer frères, nous
» inaugurera Citoyens; et c'est dans le champ
» de Mars, où nous serons réunis, que cha-
» cun sentira son être ennobli, et sa force
» augmentera de la force de tous. Cultiva-
» teurs, Artisans, Propriétaires, vos ames
» n'ont pas encore connu les sentimens dont
» elles seront pénétrées dans ce grand jour.
» Vous en rapporterez dans vos villes, dans
» vos campagnes, l'impression profonde de
» la dignité de l'Homme; cet intérêt nouveau
» que vous n'avez encore qu'aperçu, répan-
» dra un charme indicible sur tous les détails
» de votre activité journalière; vous direz,
» en montrant à vos enfans le patrimoine
» que vous leur formez : Postérité chérie,
» l'arbitraire du génie fiscal ne consummera
» plus votre héritage; la puissance de votre
» adversaire ne sera plus le préjugé de votre
» condamnation dans le Temple de la Justice;

» libres dans vos personnes et dans vos biens, » vous ne serez plus les Hommes d'un autre » Homme; vous n'appartiendrez qu'à Dieu » et à la Loi; vous vivrez plus heureux que » vos pères sur le sol qui vous vit naître. Des » milliers de Citoyens distans de nous par » les lieux, mais rapprochés par le cœur, » l'ont juré.

» Ce n'est pas seulement, chers Camara-» des, autour de cette enceinte que nous » devons circonscrire l'idée de notre exis-» tence commune. La capitale appelle dans » son sein les fédérations partielles de tous » les Départemens; et là se décrira le grand » cercle qui doit embrasser l'ensemble de la » puissance publique.

» Pour nous, placés dans le chef-lieu de » la Division, nous y serons les sentinelles » de la liberté, dans ces rapports plus pro-» chains; et nous comptons dater notre gloire » et notre félicité, du jour où un serment » commun avec vous prononcera l'alliance » inviolable de nos cœurs et de nos forces.

» Nous sommes, avec les sentimens les
» plus affectueux,

CHERS ET HONORÉS COMPATRIOTES,

Vos frères et amis,
les Membres du Comité
militaire de la Garde
Nationale d'Auch,

DAVID, MONLAUR,
LOUBENS, COMMINGES,
DENUX, ARDENNE,
SOUBIRAN, SENTETZ,
LIESTA, DUFFORT,
CAZENEUVE, DEREY,
DESTIEUX, SENTEX,
DESSOLE, LATOUR,
LONGCHAMP, NINOUS,
JOURDAN, NICOLAS,
ROUX, CASSAIGNARD,
LABARTHE, FRANCAIN,
LECHAUX, SALESSE,
LEYDON, LADRIX.

— EXTRAIT des Registres du Comité militaire de la Garde Nationale d'Auch.

Du 13 Mai 1790.

« La suppression des ordres dans l'Em-
» pire, fait de tous les individus un peuple

» de frères ; la distinction des Provinces » anéantie, forme une seule famille d'une » société de vingt-quatre millions d'Hommes; » c'est le bienfait des nos augustes Repré- « sentans, c'est le bonheur que nous assure » la nouvelle Constitution : resserrons les » liens de cette fraternité, unissons-nous, » avec nos frères d'armes, les Gardes Natio- » nales du Département du Gers; qu'une » ligue formidable, consacrée au bonheur » public, annonce aux ennemis de la Cons- » titution, que nous sommes prêts à la sou- » tenir au péril de nos vies. Ce Pacte fédératif » de chaque Département, confondu dans » une fédération générale, présentera le spec- » tacle imposant d'une Nation immense, » armée pour la défense de sa liberté; il dé- » concertera les entreprises des ennemis de » la Révolution ; il écartera toute insulte » étrangère; un Peuple de frères, d'amis, » tous voués à la défense commune, prêts à » se rallier au premier cri de la Patrie en » danger, sera toujours heureux et invincible.
» Tel a été le vœu unanime des Compagnies » de la Garde Nationale d'Auch, qui ont

» renvoyé au Comité l'exécution de ce Pacte » fédératif.

» En conséquence, le Comité a arrêté, 1° » que la formation du Département devant » attirer un concours d'Electeurs dans la ville » d'Auch, et l'époque, ainsi que la durée de » l'Assemblée électorale étant incertaines, » on est obligé de renvoyer le Pacte fédératif, » immédiatement après la tenue de l'Assem- » blée électorale.

» 2° Malgré l'incertitude du jour fixe qui » sera consacré pour le Pacte fédératif, on » adressera, dès ce moment, une invitation » à toutes les Villes qu'on sait avoir formé » des Légions, pour qu'elles envoient cha- » cune une députation, composée au moins » d'un Officier et deux Volontaires; et quant » à celles qui ne pourraient point envoyer » une députation, on les priera d'adresser » une Délibération portant adhésion au Pacte » fédératif du Département du Gers.

» 3° Les Adresses seront faites aux Gardes » Nationales de chaque Chef-lieu de canton, » avec prière de faire parvenir l'invitation à

» toutes les Municipalités de leur arrondissement.

» 4° Les Gardes Nationales du Département seront priées de faire part de leur Délibération par la voie des Electeurs de leur canton, qui se rendront à Auch; on les priera en même temps de marquer le nombre de personnes qui se rendront au Pacte fédératif, afin qu'on puisse pourvoir à leur logement.

» 5° On fera connaître le jour fixe du Pacte fédératif à toutes les Gardes Nationales du Département, aussitôt que l'Assemblée électorale aura fini ses opérations.

» 6° Comme il a été déjà formé un Pacte d'union entre la Garde Nationale de Beaumont et celle d'Auch, on invitera, par une Lettre particulière, la Légion de Beaumont, quoiqu'elle ne soit pas dans le Département, à concourir au Pacte fédératif.

» 7° Il a été arrêté que MM. David, Colonel en second, et de Commenges, Capitaine de la Compagnie de la Treille, se retireront devers Messieurs les Officiers Municipaux,

» pour leur communiquer la présente Délibé-
» ration, et les prier de vouloir l'autoriser. »

Signé LADRIX, Quartier-Maître.

— EXTRAIT de la Délibération de la Ville et Communauté d'Auch.

Du 15 Mai 1790.

« Le Corps municipal de la ville d'Auch
» a vu avec une extrême satisfaction, le projet
» de Pacte fédératif qui lui a été communi-
» qué par le Comité militaire de la Garde
» Nationale de cette ville : il ne peut qu'en
» approuver le plan, et louer les sentimens
» de patriotisme qui l'ont dicté. Il désire ar-
» demment de le voir accomplir, comme un
» moyen assuré d'affermir de plus en plus la
» régénération, dont on ressent chaque jour
» les heureux effets. »

Signé POMMÉ, Secrétaire-greffier.

— EXTRAIT des Registres de la Maison commune de la Ville d'Auch.

« L'AN mil sept cent quatre-vingt-dix, et
» le vingt-unième jour du mois de juin dans

» une des Salles de la Maison commune de » la ville d'Auch, en Assemblée générale du » Corps municipal, composé de MM. DE » GRAMONT, maire; OUSTALOT, BOUBÉE, FE- » NASSE, GARNIER, PICART, LACAZE et TAR- » DIVAIL, officiers municipaux.

» Le Procureur de la Commune a dit :

MESSIEURS,

» Les Commissaires du Roi pour le dépar- » tement du Gers, viennent de nous faire » passer, de la part du Ministre, la Procla- » mation du Roi, du 10 du courant, sur le » Décret de l'Assemblée Nationale du 8, » relatif à la Fédération générale des Gardes » Nationales, et des Troupes du Royaume, » qui doit avoir lieu à Paris le 14 juillet pro- » chain : le Directoire du District, dont cette » ville est le Chef-lieu, n'étant pas encore » en activité, l'exécution de ce Décret vous » est confiée en vertu de l'article premier.

» La briéveté du temps qui reste à courir » jusqu'à l'époque de cette Fédération géné- » rale, et notre distance considérable de la

» Capitale, ne vous permettent pas de vous » servir des voies ordinaires pour faire parvenir ce Décret aux Gardes Nationales de » ce District : vous devez recourir à une voie » extraordinaire, et sur laquelle vous puissiez compter. Les Membres de la Garde » Nationale de cette ville se feront un plaisir » et un devoir de se prêter à la circonstance, » et d'apporter à leurs Camarades et leurs » Frères d'armes, cette invitation de nos » augustes Représentans à la réunion imposante de tout l'Empire.

» Sur quoi nous requérons,

» 1° Que la Proclamation du Roi, du 10 » du courant, ainsi que le Décret de l'Assemblée Nationale du 8, relatif à la Fédération générale des Gardes Nationales et » des Troupes du Royaume, soient enregistrés sur les registres de la Maison commune, » lus, publiés et affichés dans toutes les Places publiques de cette ville; que copie en » soit envoyée tant à la Garde Nationale de » cette ville, qu'à toutes les autres Gardes » Nationales du présent District.

» 2° Que pour faire plus promptement » cet envoi, le Commandant de la Garde » Nationale de cette ville soit requis d'en- » voyer les hommes à ce nécessaire.

» 3° Qu'aussitôt après la réception du » susdit Décret, tous les Commandans des » Gardes Nationales du District, soient re- » quis d'assembler lesdites Gardes Natio- » nales, chacun dans son ressort, pour en- » tendre la lecture de ladite Proclamation » et dudit Décret, et pour procéder ensuite » au choix et à la nomination de six hommes » sur cent.

» 4° Que les hommes choisis se rendent » le 4 du mois de juillet prochain dans la » présente ville, pour, après avoir assisté au » Pacte général du Département du Gers, » qui aura le même jour, nommer, conjoin- » tement avec les Députés des autres Gardes » Nationales du District, et en présence de » son Directoire s'il est en activité, sinon en » votre présence, dans la totalité des Gardes » Nationales du District, un homme par » deux cents ou par quatre cents à leurs

» choix, lequel sera chargé de se rendre à » Paris à la Fédération qui aura lieu le 14 » juillet, le tout conformément à l'article » premier dudit Décret. AMADE, Procureur » de la Commune, *signé*.

» Le Corps municipal, Commissaire » nommé à cet effet par l'Assemblée Natio- » nale, ayant égard à la réquisition du Pro- » cureur de la Commune, a ordonné et or- » donne l'enregistrement de la Proclamation » du Roi et du Décret dont il s'agit, sur le » Registre de la présente Maison commune, » la lecture, publication et affiche dans toutes » les Places publiques de cette ville, comme » aussi que copie en soit envoyée à tous les » Commandans et Gardes Nationales du » District; et pour que cet envoi soit plus » prompt, nous requérons le Commandant » de la Garde Nationale de cette ville, d'en- » voyer les hommes à ce nécessaire.

» Nous requérons encore tous les Com- » mandans des Gardes Nationales du Dis- » trict, aussitôt après la réception dudit » Décret, d'assembler lesdites Gardes cha-

» cune dans son ressort, à l'effet par elle de
» choisir six hommes sur cent, pour se réunir
» le 4 juillet prochain dans la ville d'Auch,
» chef-lieu du District, pour, par lesdits Dé-
» putés ainsi réunis, être choisi, en présence
» du Directoire du District s'il est en activité,
» sinon en notre présence, dans la totalité
» des Gardes Nationales du District, un
» homme par deux cents ou par quatre cents,
» à leurs choix, qui sera chargé de se rendre
» à Paris, à la Fédération de toutes les Gar-
» des Nationales et Troupes du Royaume,
» qui aura lieu le quatorze dudit mois de
» juillet. De Gramont, maire; Oustalot,
» Boubée, Fenasse, Garnier, Picart, Lacaze
» et Tardivail, signés au Registre.

1791. — Organisation de la Société des Amis de la Constitution à Auch.

Le 9 Mars, deux Députés de la ville de Cologne sont introduits dans la salle, et témoignent leur zèle ardent pour la Constitution.

Le 8 Avril, Alexandre Ladrix, un des membres du Club, a prononcé un Discours sur la mort de M. de Mirabeau.

Il est arrêté que les Amis de la Constitution prendront le deuil pendant un mois à compter du jour qui sera fixé par la Municipalité, et qu'en conséquence, celle-ci sera priée d'inviter tous les Citoyens à prendre le deuil, ainsi qu'à disposer toutes choses pour le service qu'il convient de faire en mémoire du plus grand Ami du Peuple et de la Liberté.

Il est arrêté, en outre, que tous les Corps administratifs de cette ville, le Tribunal judiciaire, la Garde Nationale et la Troupe de ligne, seront informés de cette détermination.

Nous avons parlé plus haut d'un Discours prononcé par M. Alexandre Ladrix. Le voici :

Amis de la Constitution,

« Oh ! quelle voix serait digne de rendre
» les lugubres accens qui ont retenti en ce
» jour dans l'ame de vrais Patriotes !

» Oh ! quelle voix sera l'organe de notre » juste douleur !

» MIRABEAU, l'immortel MIRABEAU............ » je ne puis achever.......... à la consternation » qui règne dans l'Assemblée, je vois que » vos cœurs ont déjà entendu le mien.

» Reportez-vous, MESSIEURS, à la fameuse » journée du 23 juin 1789; retracez à votre » souvenir ces mouvemens impétueux et dé- » sordonnés, ces effroyables convulsions du » despotisme agonisant : voyez les Etats gé- » néraux dissous, la Noblesse, le Clergé » cédant à la violence qui les dispersait; et » dans ce bouleversement, au milieu de ces » horribles cahos, MIRABEAU, s'élevant au- » dessus des destinées, MIRABEAU, assis sur » les restes de la liberté en ruines, défendant » ses Autels, les tenant embrassés, et s'é- » criant : *On ne m'en détachera que mort,* » *les Baïonnettes pourront seules m'en ar-* » *racher.*

» Ce fut cet accent du courage qui rallia » les Patriotes épars, rapprocha les divers » ordres, les réunit en un seul celui des hom-

» mes libres, créa l'Assemblée Nationale, et
» donna l'être à notre céleste Constitution.

» Je vous ai parlé du courage de MIRABEAU;
» la main d'un mortel peut essayer d'en
» crayonner quelques traits: je n'oserais vous
» entretenir de son vaste et sublime génie,
« ce serait au Dieu de l'éloquence à prendre
» le pinceau.

» AMIS DE LA CONSTITUTION, je vous de-
» mande un hommage solennel à la mé-
» moire de MIRABEAU; en versant des pleurs
» sur sa tombe, ce n'est pas lui, c'est vous-
» mêmes que vous honorerez. »

Le 14 Août, la Société des Amis de la Constitution fait une Adresse à l'Assemblée Nationale pour réduire, en temps de guerre, le traitement de tous les Prêtres payés par l'Etat, soit Fonctionnaires, ou autres non assermentés.

Au mois d'Octobre, cette même Société des Amis de la Constitution fait une Adresse aux Citoyens du département du Gers, sur les vrais Principes et Libertés de l'Eglise Gallicanne, et les abus Ultramontains.

— Organisation des différens Bataillons ou Escadrons.

— La Société des Amis de la Constitution fait une Adresse aux Citoyens du département du Gers, contre la conduite de plusieurs Ecclésiastiques du Diocèse d'Auch, ayant à leur tête M. de Latour du Pin, cidevant Archevêque.

— M. Barthe, Professeur en Théologie à Toulouse, est nommé Evêque Constitutionnel du département du Gers, en remplacement de M. l'Archevêque.

L'Evêque est reçu par la Municipalité et le Département, la Garde Nationale et les Troupes de ligne, avec distinction et beaucoup d'éclat.

Mais cela n'empêcha pas qu'il n'y eût toujours deux partis.

— M. Coussaud-Lechaud, citoyen d'Auch et membre de la Société des Jacobins à Paris, fait une Adresse à la Société des Amis de la Constitution à Auch, sur les devoirs à remplir par les Citoyens réunis en Société, et surtout par celui qui les préside.

— La Société, ayant pour président M. Laplaigne, et pour secrétaires MM. Jourdan, Roumegoux, de Longchamps et Beaugrand, fait une Adresse aux Peuples des villes et des campagnes, sur la nécessité du paiement de l'impôt.

1792. — Organisation des différens bataillons, qui partent de suite pour l'armée des Pyrénées-Orientales ou Occidentales.

Tous ces bataillons partaient en chantant la Marseillaise ou la Carmagnole, ou bien l'air :

> Ah ! ça ira, ça ira, ça ira !
> Les Aristocrates à la lanterne.
> Etc., etc.

Mais ce dernier air était l'air favori.

Les Troupes de ligne étaient les premières à jouer cet air en entrant dans la ville.

Il faut l'avoir vu pour le croire ; c'était un enthousiasme des plus grands.

— Un courrier extraordinaire arrivé de Paris à Auch, annonce la prise de Mons par Dumouriez, général de l'armée du Nord.

1793. — Ce fut dans ce temps qu'on détruisit, par ordre des Représentans du Peuple envoyés dans les départemens, des Eglises qui étaient aux environs de la ville.

De ce nombre fut la chapelle de Notre-Dame des Neiges, dépendante d'un Chapelain qui, depuis cent ans, portait le titre de Prieur. C'est là que, le soir de Pâques, il y avait un joli *Feretra*.

Plus, l'Eglise de Xaintes, à un quart de lieue de la ville d'Auch, paroisse dédiée à Ste. Quitterie, dont on célébrait la fête locale le 22 mai, et où un monde infini, toute la ville, dis-je, se rendait, vu la position, la beauté du lieu, les allées, les promenades agréables, les prairies émaillées de fleurs traversées par un ruisseau limpide et abondant, les jardins, les parterres, et les ormes antiques à la tête pompeuse qui, par leur entrelacement, formaient un cintre impénétrable aux rayons du soleil. Que l'ensemble en était beau ! On y entendait de toutes parts le gazouillement des oiseaux ou la douce haleine des Zéphyrs qui se jouaient dans les rameaux des arbres. Ils conservaient toujours en ce lieu, malgré le soleil, une fraîcheur délicieuse.

Les fontaines ne se ressentaient point du temps où la canicule est le plus en feu : partout des tapis de verdure, partout l'herbe tendre et fleurie offrait des lits de gazon. L'air y était embaumé. On se croyait au comble du bonheur.

Mais à cette heure tout a disparu ; il ne reste plus que quelques colonnes ou pyramides qui tombent chaque jour en ruine. Le théâtre de gazon bordé de charmille qui formait une charmante salle de spectacle où l'on jouait quelquefois la Comédie et où l'Intendant d'Etigny se rendait et allait se délasser, a subi le même sort.

Un professeur de Rhétorique à Auch trouva cet endroit champêtre si beau, qu'il y composa un poëme en latin.

On détruisit aussi St.-Cricq, dont l'Eglise fut bâtie par St. Orens.

Ce fut cet Evêque qui fit abattre le Temple d'Apollon qui était sur cette montagne appelée *Nèrveva*, à la place duquel il fit bâtir ensuite l'Eglise St.-Cricq dont il reste quelques vestiges.

On détruisit encore l'antique Eglise de St.-Orens, dont le clocher ou la flèche était des plus élevés. Il ne reste de cette grande Eglise qu'une petite chapelle appelée *Chapelle de la Conception* ou *petit St.-Orens*, dont on est redevable de la conservation à la famille de M. de Vic. C'est elle qui l'a achetée, et aussi elle fut conservée. Elle est fort utile pour un Couvent de Religieuses qui s'y sont fixées.

Cette Eglise, avant l'établissement du Christianisme, était un Temple d'Idoles. L'ancien curé de St.-Orens me le dit un jour.

On y remarque encore dans un des vitraux à gauche de l'autel les armoiries de la ville, c'est-à-dire, un agneau d'argent portant la croix d'or à l'honneur de St. Jean, et un léopard lionné rampant de gueules.

Dans ce même temps on faisait, autour

de la ville, la procession de la Déesse de la Liberté.

C'était une femme bien parée, entourée d'enfans, que l'on promenait sur un char élégamment rangé, orné de guirlandes et de fleurs. Beaucoup de monde l'accompagnait; la Municipalité, la Garde Nationale, les corps de musique s'y rendaient aussi, et ensuite on finissait par prononcer un discours.

Cette femme était appelée la *Déesse de la Liberté.*

Ensuite l'Eglise de Ste.-Marie cessa de porter ce nom. On l'appela le *Temple de la Raison.*

Sur le devant de ce Temple, au frontispice, on plaça en grands caractères cette inscription :

LE PEUPLE FRANÇAIS RECONNAÎT
L'ÊTRE-SUPRÊME
ET L'IMMORTALITÉ DE L'AME.

— La Société Populaire d'Auch fait faire un rapport sur les Fêtes décadaires, et adopte les dix Commandemens de la République Française et les six Commandemens de la Liberté, que voici :

Les dix Commandemens de la République Française.

I. Français, ton Pays défendras,
Afin de vivre librement.
II. Tous les Tyrans tu poursuivras,
Jusqu'au-delà de l'Indostan.
III. Les Lois, les Vertus soutiendras,
Même s'il le faut de ton sang.
IV. Les Perfides dénonceras,
Sans le moindre ménagement.
V. Jamais foi n'ajouteras,
A la conversion des Grands.
VI. Comme un frère soulageras,
Ton compatriote souffrant.
VII. Lorsque vainqueur tu te verras,
Sois fier, mais compatissant.
VIII. Sur les emplois tu veilleras,
Pour en expulser l'intrigant.

IX. Le dix Août sanctifieras,
Pour l'aimer éternellement.

X. Le bien des fuyards verseras,
Sur le Sans-culotte indigent.

Les six Commandemens de la Liberté.

I. A ta Section tu te rendras,
De cinq en cinq jours strictement.

II. Connaissance de tout prendras,
Pour ne pécher comme ignorant.

III. Lorsque ton vœu tu émettras,
Que ce soit toujours franchement.

IV. Tes intérêts discuteras,
Ceux des autres pareillement.

V. Jamais tu ne cabaleras,
Songe que la loi le défend.

VI. Toujours tes gardes monteras,
Par toi-même et exactement.

— Il paraît un Ouvrage ayant pour titre : *Essai sur l'Esprit Public et la nécessité des Sociétés Populaires*, par le C^en^ CHANTREAU, auteur des Lettres écrites de Barcelonne.

1794. — On fit une procession des états autour de la ville (*).

Chacun portait en sa main les attributs ou les marques de son état. Professions, arts et métiers, tout fut obligé d'y aller.

L'homme de lettres portait un livre. Les uns portaient des pinceaux, les autres des selles. Ceux-ci des marteaux, ceux-là des varlopes; enfin, chacun, etc. etc.

Un autre mois, des repas civiques furent donnés devant les portes. On se réunissait, on se fêtait entre voisins, entre frères et amis, et partout on n'entendait que des cris de *vive la Liberté !*

(*) Cette ville, connue dans les itinéraires sous le nom de *Climberris*, ou *Augusta - Auscorum*, située dans la plaine, était une ville florissante des Gaules. Ses habitans se voyant ruinés, ravagés par des peuples barbares, tantôt par les Goths, Vandales; tantôt par les Sarrasins, Normands et Danois, finirent par gagner la colline ou la Cité vers le dixième siècle, et y bâtirent la ville qui s'appelle Auch, au pied de laquelle coule le Gers; en latin *Gercius* et non *Egeriscius*, comme le dit Chantreau dans son Annuaire du Gers. C'est lui qui s'est fait ce nom-là. On ne le trouve nulle part : car dans les Commentaires de César, édit. de Lyon 1651, on trouve *Hodié*, Auch, *urbs super Gercium :* on trouve encore le mot *Gercius* dans les Chroniques du Diocèse, page 63, ainsi qu'aux preuves, page 1re.

Autour de l'Arbre de la Liberté planté devant la maison commune, on allait souvent chanter des Hymnes à la Liberté, comme la Marseillaise et autres.

Quand on était arrivé au couplet :

> Amour sacré de la Patrie,
> Conduits, soutiens nos bras vengeurs,

tout le monde se mettait à genoux jusqu'à ce qu'étant arrivé où l'on prononçait :

> Aux armes, Citoyens !

on se levait de tous côtés en chantant plus fort. Les uns levaient les chapeaux, les autres les jettaient en l'air, etc. etc.

On peut s'apercevoir que les esprits ou les têtes étaient alors bien montées.

— Au mois d'Octobre de la même année, les Autorités Municipales de la ville d'Auch adressèrent aux Représentans la pièce suivante :

« Citoyens Représentans,

» Avant-hier, trois brumaire, les officiers
» municipaux et le conseil général de la com-

» mune d'Auch, ont fait inviter les citoyens » à une réunion générale sur la place de la » Fraternité.

» On était prévenu qu'on devait y faire » la lecture de l'adresse de la Convention » Nationale au Peuple Français.

» Vers les deux heures de l'après-midi, » une foule immense se montrait impatiente » d'entendre en commun cette lecture; elle » l'était de voir s'ouvrir le ravissant spectacle » d'une félicité généralement sentie, et celui » d'un enthousiasme universel que comman- » dait la reconnaissance.

» A trois heures, le maire, suivi des offi- » ciers municipaux en écharpe et du conseil » général de la commune, a rappelé aux » citoyens l'époque aussi salutaire que glo- » rieuse du 9 thermidor; il a fait rapidement » contraster les principes sanguinaires du » régime de quelques tyrans perdus de cri- » mes, avec ceux de la justice sévère, mais » exacte, que la Convention Nationale vient » de mettre à l'ordre du jour.

» Il a passé ensuite à la lecture de l'adresse » qui arrache aux cachots un peuple entier;

» le cri, vive la Convention Nationale, se » faisait entendre à toutes les phrases; des » applaudissemens à chaque instant répétés » exprimaient au loin l'allégresse, et tous les » chapeaux, au milieu d'une pluie conti- » nuelle, s'agitaient sans cesse dans les airs.

» Des chants patriotiques ont succédé à la » lecture que le maire venait de faire. C'était » la joie la plus pure, le patriotisme le plus » prononcé qui entonnaient avec éclat les » hymnes de la liberté.

» Les patriotes s'embrassaient, le plaisir » brillait dans les yeux à travers ses douces » larmes, et le peuple s'est encore trouvé » rassemblé dans le temple de l'Etre-suprême. » Le maire a parlé de nouveau aux citoyens » comme un ami, comme un père, et tous » les cœurs ont vivement applaudi aux accens » du sien.

» Le même magistrat a recommencé la » lecture qu'il avait déjà faite. La reconnais- » sance, les vœux déjà exprimés pour la » Convention l'ont été à cette seconde lec- » ture avec un transport qu'il est impossible » de rendre; mais chaque citoyen a pu me-

» surer la distance qui sépare les applaudis-
» semens du cœur, de ceux que la terreur
» arrache.

» Pendant la seconde lecture, un citoyen
» a proposé le serment de maintenir la Con-
» vention à son poste, jusques à ce temps
» heureux où la république recueillera enfin,
» dans la paix, le fruit de tant de travaux,
» le prix de tant de victoires.

» Il avait à peine prononcé quelques mots,
» et le peuple entier s'est levé, et le temple
» a retenti du serment qu'il faisait de ne re-
» connaître jamais d'autre autorité que celle
» de la Convention Nationale; il a retenti de
» celui de la maintenir à son poste jusques à
» l'époque que nos intérêts avaient détermi-
» née avant qu'elle la fixât elle-même.

» On a demandé encore qu'il fût fait une
» relation de ce qui venait de se passer, soit
» sur la place de la Fraternité, soit au temple
» de la Raison; on a voulu que la Convention
» connût le vœu des habitans de cette com-
» mune; qu'elle fût heureuse du bonheur
» dont elle avait rempli toutes les ames, et
» qu'elle entendît l'expression des sentimens

» dont ses bienfaits commandent l'hommage.

» Le maire alors a été invité, par la réu-
» nion toute entière des citoyens, à s'occuper,
» conjointement avec Demai, administra-
» teur au département du Gers, de la relation
» demandée.

» Les citoyens ont ensuite accompagné les
» officiers municipaux et les notables jusques
» à la maison commune ; la marche a été
» lente, les hymnes de la liberté ont encore
» frappé les airs, et les républicains se sont
» séparés en disant que la fête à laquelle ils
» avaient été invités, était en effet celle du
» bonheur.

St.-Pierre, maire, et Demai, *signés.*

— Sur un des tombeaux que l'on vient de trouver dans la plaine, *in planitie ad oram gercii dextram*, où était située autrefois l'ancienne ville nommée *Climberris, Villa-Clara* ou *Augusta-Auscorum*, j'ai vu une pierre sépulcrale (marbre) sur laquelle était gravée cette épitaphe :

Ventis genua flexi.

Je laisse au Lecteur à l'expliquer ou à l'interpréter.

1795. — Je viens de toucher une petite pièce en or représentant l'empereur GRATIEN, bien frappée, bien conservée.

Le revers représente deux personnes assises tenant un petit globe au-dessus duquel on voit la Victoire avec ce titre :

VICTORIA AUGUSTA.

Elle a été trouvée dans la plaine.

— La Société Populaire d'Auch reçut les deux pièces suivantes, d'un C[en] de Mirande.

Epigramme à Roberspierre.

Le premier jour que Roberspierre
S'offrit à mes yeux par hasard,
J'eus tant de peur de son regard,
Que je faillis tomber par terre;
Et j'eus un songe cette nuit,
Qu'il m'assassinait dans mon lit.
Ainsi ce monstre épouvantable
Etait d'accord avec le diable.

Epitaphe sur le même.

Que je te plains, ô Roberspierre!
Tu n'as pu, malgré tant d'efforts,
Ni dans l'enfer, ni sur la terre,
Régner à ton gré sur les morts.

1796. — La Société d'Agriculture fut entièrement renouvelée par l'Administration centrale du département.

1797. — On a trouvé en défonçant ou en labourant la plaine, *in planitie ad oram gercii dextram*, où était située autrefois l'ancienne ville nommée *Climberris*, *Villa-Clara* ou *Augusta-Auscorum*, une centaine de pièces en or qui représentent différens empereurs, parmi lesquels je citerai Tiberium, Severum, Valentianum, Constantium, Marcum-Aurelium, qui sont de toute beauté. J'ai vu le dernier surtout. On dirait qu'il vient de sortir de dessous le balancier ou le marteau. On en donna 25 francs.

1798. — On a trouvé encore une petite pièce d'argent représentant l'empereur Domitien. Il serait à souhaiter que l'on fît dans cette plaine des tranchées ouvertes ; on y trouverait des choses très-curieuses. *Urbs opulentissima. Aquitanorum clarissimi sunt Ausci.* (V. Pomponi. Mela.)

1799. — Il paraît un Ouvrage ayant pour titre :

L'art du Taupier, par le citoyen Dralet, conservateur des forêts.

1800. — Jean-Baptiste *Marsan*, se disant physicien, Ligurien d'origine, habitant d'Auch.

Attentat fait publiquement aux mœurs, par outrages à la pudeur de plusieurs jeunes filles, à l'aide des jactances d'un prétendu pouvoir surnaturel sous le masque de certaines pratiques religieuses, et sous le prétexte spécieux de découvrir des trésors confiés à la garde des esprits infernaux.

Escroquerie d'argent faite à plusieurs citoyens, en abusant de leur crédulité à l'aide de fausses entreprises et espérances chimériques, par des invocations aux esprits infernaux, sous prétexte de découvrir des trésors considérables.

Appel d'un jugement correctionnel de l'arrondissement, qui condamne Jean-Baptiste Marsan à deux ans d'emprisonnement, à 5,000 francs d'amende envers la République, et aux frais de la procédure. Confirmé par le Tribunal criminel du Gers.

1801. — Il paraît un Ouvrage intitulé : *Instruction abrégée sur le Système Métrique*, par Mr Vidaloque, instituteur.

— Arrivée à Auch du 18me Régiment de cavalerie, ci-devant Royal Normandie, venant du corps d'observation de la Gironde, destiné pour le Portugal.

1802. — Arrêté du Préfet du département du Gers, relatif aux honneurs à rendre, dans la ville d'Auch, à la mémoire d'Antoine Megret d'Étigny, Intendant des Généralités d'Auch et de Pau.

Entr'autres, on érigera sur la promenade dite la *Porte-Neuve*, une statue en marbre représentant en pied ce Magistrat bienfaiteur de toutes ces contrées. L'élévation ou l'inauguration en sera faite en 1817.

1803. — On a trouvé, en défonçant dans la plaine, une pièce en argent représentant *Otacilla-Severa-Augusta*.

Le revers représente une femme debout tenant en sa main un globe avec cette inscription :

PIETAS AUGUSTA.

1804. — On a trouvé encore en argent l'empereur GALLIEN.

1805. — On y a trouvé encore l'empereur TRAJAN, moyen bronze.

1806. — On a trouvé dans cette plaine où était située l'ancienne ville *Climberris* une pièce en cuivre moyen bronze, qui peut-être ne se trouve dans aucun médailler : c'est l'empereur AUGUSTE, bien conservé.

Le revers représente TIBÈRE avec cette inscription : *TURIASO.*

Je laisse aux savans numismates à apprécier cette pièce.

Voici ce qu'en dit Patin.

» *TURIASO, urbs Hispan Taracon in*
» *Celtiberis municipium in nummis perhi-*
» *betur. Hi Tiberio gratulantes quod Au-*
» *gustus inter divos esset relatus in aversa*
» *ejus nummi parte illius effigiem percus-*
» *serunt.*

Hic nummus med. form. à Patino vulgatus, pag. 66, *inter Raros collocatur.*

Vaillant, *Num. in col. Muni., etc.*, 1 vol. in-folio.

1807. — Il paraît un Ouvrage intitulé : *Notice Historique et Descriptive de l'Eglise Ste.-Marie d'Auch ;* par Mr P. Sentetz, Bibliothécaire de la ville d'Auch, et Inspecteur-conservateur des monumens d'antiquités, sciences et arts dans le département du Gers.

— Apparition d'une Comète.

TRAIT D'HUMANITÉ
ENVERS DES PRISONNIERS ANGLAIS.

Etant un jour à ma fenêtre, à la rue d'Etigny, je vis arriver trois charrettées de prisonniers Anglais malades ou blessés dans les secondes guerres d'Espagne, c'est-à-dire, dans cette guerre sanglante occasionnée par le départ du Roi pour Bayonne, qui devint un signal d'insurrection pour la nation Espagnole. En montant cette rue, qui est assez difficile, la première charrettée recula et fit reculer les autres. Le charretier indigné, voyant cela, commence à se fâcher, à entrer en colère; il jurait, maltraitait son équipage et insultait les prisonniers Anglais dont la plupart avaient le *faciem hippocraticam.* Le bruit, le vacarme qu'il fesait fit sortir quelques femmes (et cela me fit beaucoup de plaisir). Ces femmes dirent au charretier qu'il fallait être un peu plus tranquille, qu'il ne fallait pas maltraiter, ni son équipage, ni les prisonniers.

Le charretier répondit en colère qu'elles s'en fussent au diable, et vomit beaucoup d'imprécations contre elles.

Sur ces entrefaites, d'autres femmes sortent avec des hommes et des enfans qui s'y mêlèrent; le concours devint immense. Les hommes, les femmes firent des remontrances aux charretiers, en leur disant qu'ils devraient avoir honte de se comporter ainsi. Oui, disait le monde assemblé, il faut faire aux autres comme vous voudriez qu'on vous fît; vous ne savez pas ce qui pourra vous arriver un jour, vous ne savez pas de qui vous aurez besoin, et elles disaient vrai. *Portentora miracula fati*, dit un écrivain célèbre.

Qu'on jette les yeux sur les Empires les plus puissans, sur les plus anciens Royaumes, sur les Villes autrefois si florissantes par le commerce, les sciences et les arts. Non, ces gens-là, disait-il, ne descendront pas de leur char, les charrettes ne monteront pas encore; la dispute devint vive ici. Il faut faire rafraîchir ces gens-là.

Un Anglais qui était sur le devant du char, remarquable par sa taille et la douceur de sa physionomie, voyant tant de bruit, se leva, et pria le peuple de ne pas s'intéresser autant à eux, et de laisser faire le charretier.

Non, non, répondit le peuple, n'ayez pas peur, laissez-nous faire; il ne vous manquera rien. Et en même temps je vis, comme d'un consentement unanime, et avec le plus grand empressement, apporter aux trois charretées du pain, du vin, de la viande, du fruit, de l'argent; mais un de ces soldats voulut manger si vîte qu'il mourut sur-le-champ.

Sur ces entrefaites, arrive un gendarme (*), et s'avance en disant au charretier, qui était

(*) *Béliard*, à la résidence d'Auch.

fort content de le voir arriver parce qu'il espérait qu'il l'épaulerait, pourquoi il n'avait pas fait marcher ses charrettes ; le charretier lui répondit en colère qu'il n'avait pas pu les faire marcher. Regardez, dit-il, au gendarme, si c'est fort agréable ; nous sommes partis ce matin de Mirande (il fesait froid), et je suis encore ici : j'ai été arrêté ici par une troupe de gens qui donnent à ces prisonniers.

Le gendarme, connaissant son devoir, et plus humain que le charretier, répondit : Eh bien ! mon ami, laissez rafraîchir ces gens-là, n'empêchez pas le monde de faire la charité; et quand on aura fini vous les conduirez à l'Hôtel-de-Ville, ce qui fut exécuté.

Il eût été à désirer qu'un fait semblable eût été rendu public ; mais la Gazette de l'Empire, dans une de ses pages, a rendu assez de justice aux habitans de cette ville ; elle dit :

« La ville d'Auch s'est surtout distinguée » par son humanité et générosité envers les » prisonniers Espagnols et Anglais. »

— On trouva dans la plaine, à la *Clim-*

berris, trente pièces en argent, représentant l'empereur GORDIEN.

Elles étaient dans un pot. Je les ai dans mon médailler. Elles sont toutes à différens revers.

On y trouva encore *Bonosius*, tyran, petit bronze; pièce rare.

On y trouva encore *Pertinax*, grand bronze; médaille rare.

On y trouva encore en argent *Vitellius*, empereur; *Emilianus*, en argent; *Pupiennus*, en argent.

On y trouva encore *Marius*, tyran.

1808. — Passage de l'Empereur NAPOLÉON à Auch (*), où il resta quelques heures, le 24 juillet.

Sa Majesté accorda ou fit don à la ville de vingt mille francs pour le Collége, la Cathédrale.

(*) Cette ville est bâtie en forme d'amphithéâtre, garnie de superbes terrasses, sur le haut et le penchant d'une élévation au pied de laquelle, à l'Orient, coule la rivière du Gers.

S. M. donna encore à la ville, pour le pavé et les fontaines, la somme de dix mille francs.

C'est à cette occasion qu'on éleva au pont de Ragues un superbe Arc de Triomphe, au-devant duquel on lisait cette inscription :

NAPOLEONI I, PATRI PATRIÆ.
FORTISSÌMO. INVICTO, etc. etc.

Au revers on lisait cette autre :

IN. ADVENTU. FELICISSIMO.
AUGUSTA-AUSCORUM. EXULTANS.

1809. — Le 10 Août, le Conseil Municipal fit l'inauguration du buste de Sa Majesté l'Empereur des Français, sur un piédestal portant cette inscription :

LES AUSCITAINS
ONT ÉLEVÉ CE MONUMENT
EN MÉMOIRE DU PASSAGE
DE NAPOLÉON-LE-GRAND,
LE XXIV JUILLET M. DCCC. VIII.

Et en reconnaissance de ses bienfaits, on plaça aussi deux inscriptions au-dessus des portes latérales de Ste.-Marie, pour rappeler à la postérité la visite dont Sa Majesté honora ce Monument, et les actes de munificence qui en assurent les réparations extraordinaires.

PREMIÈRE INSCRIPTION.

NAPOLEO. MAGNUS. IMPERATOR. AUGUSTUS.

AUSCORUM. CIVITATEM. PERLUSTRANS.

NONNISI. POPULO. CUSTODIENTE.

HOC. INTROÏVIT. AD. TEMPLUM.

INTER. CIVIUM. UNIVERSIM.

CONCURSUS. ET. EXULTATIONES.

DIE. XXIV. MENSIS. JULII.

ANN. M. DCCC. VIII.

DEUXIÈME INSCRIPTION.

NAPOLEO. MAGNUS. IMPERATOR. AUGUSTUS.
ARTIUM. SACRORUM. QUE. PROTECTOR.
MONIMENTORUM.
ECLESIAM. SANCTÆ. MARIÆ.
MIRO. STRUCTAM. OPERE.
DIU. TAMEN. DISPERDITIONI. RELICTAM.
IMPERIALI. DECRETO.
ÆRARII. PUBLICI.
PROVINCIÆ. SIMUL. ET. MUNICIPII.
SUMPTIBUS.
INSTAURARI. ET. IN. PERPETUUM. SARTAM.
TUERI. JUSSIT.

Encore le Conseil Municipal prit une délibération pour honorer la mémoire du Maréchal Duc de Montebello et de M. Espagne, Général de division.

Pour cela, on fixa dans deux rues leurs noms sur des plaques.

L'une des plaques porte cette inscription : *Rue Montebello*, avec le bâton de Maréchal d'Empire.

L'autre plaque porte ces mots : *Rue Espagne*, avec une épée.

— J'ai vu devant la commune un militaire écrivant, soit avec la bouche, soit en mettant sa plume dans un trou de gilet correspondant à l'ombilic. Il avait eu ses deux mains emportées par un boulet.

1810. — La Société d'Agriculture à Auch, proposa la question suivante :

1° *Quelle est la forme du vaisseau vinaire la plus propre à la vinification la plus parfaite ?*

2° *Quel est le point de capacité que doit avoir le vaisseau vinaire, soit pour la perfection de la qualité de vin, soit pour la formation de la plus grande quantité d'alkool ?*

La Société accorde à celui qui répondra le mieux, une médaille d'or de la valeur de 300 francs.

— Les martinets, espèce d'hirondelle, ont paru ici pour la première fois.

1811. — On proposa, vu l'insalubrité de l'air qu'on respirait à la maison de force, de la changer de place. On obtint le changement de ce dépôt de mendicité. Elle est au faubourg de la Treille, et on va la transporter aux ci-devant Capucins.

— L'hiver fut sans neige.

ORAGES.

Le 4 Avril. Le tonnerre ou l'orage s'est fait entendre pour la première fois avec pluie seulement.
8 L'orage s'est fait entendre et a donné de la pluie.

Le 15 Mai. Orage avec beaucoup de pluie mêlée de grêle.
16 L'orage s'est fait entendre.
21 Orage avec beaucoup d'eau.
26 Orage seulement.
27 Orage avec beaucoup d'eau.
31 Orage.

Le 1er Juin. Orage sans pluie.
8 Orage avec pluie.
12 Orage avec pluie.
19 Orage avec beaucoup de grêle.
20 Orage avec beaucoup de pluie.
27 Orage avec beaucoup de pluie.
28 Orage avec beaucoup de pluie.

Le 3 Juillet. Orage avec pluie.
4 Orage avec beaucoup de pluie.
15 Orage avec beaucoup de pluie.
19 Orage avec beaucoup de pluie.
28 Orage avec beaucoup de pluie.
29 Orage qui a donné beaucoup de pluie mêlée de grêle.
30 Orage qui a donné beaucoup de pluie mêlée de grêle.
31 Orage continu toute la journée.

Le 4 Août. Orage avec un peu de pluie.
19 Orage avec un peu de pluie.
24 Orage avec pluie abondante.

Le 4 Septembre. Orage avec un peu de pluie.

Le 5 Orage avec un peu de pluie.
13 Orage seulement.
14 Orage.
19 Orage avec beaucoup de pluie.

Le 1er Octobre. Orage.
26 Orage avec beaucoup de grésil.

On voit d'après cela que les orages sont ici fréquens, et que beaucoup de grêle y tombe. Cela pourrait bien provenir, comme me disait un jour M. de Lapeyrouse, de la grande quantité de forêts Nationales que l'on a coupé ou extirpé.

L'on devrait donc s'opposer à la destruction des bois ou des forêts.

Que sont devenus les bois qui recouvraient ou ornaient les coteaux qui environnaient la ville d'Auch ? On les a arrachés. Le peu de terre qui les entretenait a gagné le fond de la plaine ; les bois ont disparu, et on ne voit plus que des rochers ou des carrières en pierre. Il est impossible d'y planter des vignes ou d'y faire des champs.

Depuis plus d'un siècle, la consommation

du bois en France excède sa reproduction, et les faux calculs de l'égoïsme rendent les remèdes plus difficiles. Des défrichemens trop multipliés, l'accroissement de la population, la consommation augmentée par le luxe des bâtimens et des cheminées, ont étendu la disette des bois.

Les dégâts multipliés qui ont lieu sur un grand nombre de points, l'abroutissement funeste des bestiaux, les pillages, la manière de couper, le mauvais aménagement, sont autant de causes qui ont concouru à augmenter le mal; il faut donc rétablir l'équilibre entre la consommation et la reproduction.

Par tout pays, les bois, les forêts, servent à attirer les brouillards, les pluies, à alimenter les sources, et à entretenir la fraîcheur nécessaire à la végétation.

Les Tartares du Daghestan, tout Tartares qu'ils sont, habitant un pays stérile, ont une coutume excellente qu'ils observent soigneusement, et qui leur tient lieu de loi.

Personne, chez eux, ne peut se marier

avant d'avoir planté cent arbres fruitiers; en sorte qu'on trouve actuellement dans cette contrée d'Asie de grandes forêts d'arbres fruitiers de toute espèce.

Cyrus fit couvrir d'arbres fruitiers toute l'Asie-Mineure, et c'est de ses dépouilles que notre pauvre Europe s'est enrichie.

C'était un dogme de la Religion des Guèbres, qu'une des actions les plus agréables à l'Être-Suprême, était de planter un arbre.

Caton dit qu'il faut réfléchir long-temps avant de bâtir, mais qu'il ne faut pas différer d'un instant de faire des plantations.

N'est-ce pas dans la vue de conserver les forêts, que l'ingénieuse Mythologie en avait consacré les arbres à des Divinités champêtres, bien persuadée que le respect que l'on portait aux Dieux en empêcherait la destruction.

— Une Comète chevelue se montra pour la première fois à tout le monde en septembre, dans la partie septentrionale du ciel, où elle a été visible en octobre, novembre et décembre.

Apparition d'une autre Comète le 16 novembre visible avec de fortes lunettes.

1812. — On renouvela les membres de la Société d'Agriculture du département du Gers séant à Auch.

M. de Luscan, associé correspondant, proposa des essais sur la culture du *robinier*, du *peuplier d'Italie* et de la *luzerne*.

1813. — Hier, 31 Août, ont fini les Examens publics des Elèves du Collége d'Auch. Ils ont été terminés par un Exercice littéraire.

Une musique exécutée par les Elèves mêmes, et dirigée par M. Pellizzari, compositeur et élève du Conservatoire, a complété cette fête, présidée par M. le Préfet Auguste Jubé, baron de la Perelle, à la tête de MM. les Administrateurs du Collége, M. le Maire et MM. les Adjoints de la ville d'Auch, M. le Pro-vicaire-général, les Officiers de l'Etat-Major, et un grand nombre de Fonctionnaires publics.

L'assemblée était brillante.

M. le Préfet, avant de distribuer les Prix, a prononcé le Discours suivant :

« Chers enfans, élèves des Muses, et doux » espoir de la patrie,

» Ces derniers Exercices qui nous amènent » au milieu de vous, cette joie qui se peint » sur tous vos visages, et qui embellit les » grâces déjà si séduisantes de la jeunesse, » ces prix, ces couronnes, objets d'une géné- » reuse émulation, qui attendent à la fin » d'une lutte pénible ou d'une carrière plus » rapidement parcourue, des athlètes cou- » rageux et infatigables, sont des garants ir- » récusables de la supériorité de *l'éducation* » *publique* sur l'éducation particulière. Ce » spectacle, à la fois, récréatif et attendris- » sant, créé par les vrais Philosophes dont » vous avez le bonheur d'être les disciples, » et par les Administrateurs zélés dont nous » admirons la constante sollicitude, est bien » propre à récompenser vos tendres parens » et de leurs sacrifices nombreux et d'une » pénible séparation.

» *L'éducation publique*, bienfait d'un
» Gouvernement éclairé, fort et paternel,
» s'est enrichie de toutes les leçons de l'ex-
» périence, de tous les progrès de l'esprit
» humain. Elle n'est point, comme l'éduca-
» tion particulière, abandonnée aux tâton-
» nemens de l'incertitude, aux essais, aux
» changemens, aux suspensions que suggè-
» rent ou la tendresse aveugle, ou l'ambi-
» tieuse impatience. *L'éducation publique*,
» dirigée par un conseil de Savans, à la tête
» desquels brille, avec tant d'éclat, l'un de
» nos écrivains les plus judicieux, les plus
» fertiles et les plus délicats, marche d'un
» pas ferme et régulier. Tout ce qu'il im-
» porte d'apprendre et de bien savoir vous est
» montré. En sortant de ces gymnases mo-
» dernes, il ne tient qu'à vous de choisir avec
» sagesse et de parcourir avec gloire, les di-
» verses carrières où peuvent s'illustrer les
» citoyens de ce vaste et glorieux Empire;
» soit que votre goût vous entraîne vers les
» spéculations commerciales, la méditation
» des sciences, ou les travaux si nobles de

» l'agriculture; soit que votre génie s'échauffe » à la vue des chefs-d'œuvres des beaux-arts; » soit que votre ame penche vers l'étude des » lois, et l'art des Démosthènes; soit que » votre esprit se dissimule les épines de l'ad- » ministration, et se laisse moins effrayer par » les chagrins dont se plaignait un *d'Etigny* » (*), que séduit par le tribut tardif que lui » paye aujourd'hui la reconnaissance publi- » que; soit enfin que votre cœur, tourmenté » par les trophées innombrables de nos Mil- » tiades, ne batte que pour la gloire, et ne » vous lance dans ces sentiers de l'honneur » où l'on voit les *aigles* de Napoléon succéder » au *panache* de Henri IV.

» Chers enfans, partout où vous conduira » votre heureuse destinée, vous trouverez » des *amis de Collége*. Douce et sainte as- » sociation qui rend le malheur plus suppor- » table et plus vives toutes les jouissances; » qui cicatrise tant de blessures, et qui ré-

(*) *Célèbre Intendant des généralités* d'Auch et de Pau, *créateur infatigable des grandes routes et des monumens de ce pays qui lui a voté une statue.*

» pand tant de charmes sur tout le cours de » la vie. Croyez-en celui que son âge plaça » malheureusement au milieu de tourmentes » révolutionnaires que vous ne connaîtrez » que par l'histoire, et qui dans de fréquens » naufrages fut secouru, sauvé, consolé par » des *amis de Collége.*

» Je vous salue, murs sacrés (*), dans » l'enceinte desquels s'écoula mon enfance! » Je vous salue, Maîtres savans et vertueux, » dont la tendre sollicitude tempérait la sé- » vérité, dont l'utile sévérité me voilait pru- » demment la tendre et constante sollicitude! » Hélas! que n'ai-je mieux profité de vos » doctes leçons, et surtout de vos sages exem- » ples! Je vous salue, Compagnons de mes » études et de mes jeux. Bientôt un demi- » siècle aura roulé sur nos têtes; bientôt des » infirmités, accrues par le travail et par la » vicissitude des événemens, émousseront » presque toutes nos sensations, et cependant » nous nous ranimerons toujours à la vue et

(*) *L'ancien* Collége royal de Navarre, *où se trouve aujourd'hui établie l'*École impériale Polytechnique.

» au souvenir d'un *ami de Collége*. Il en est » de ce sentiment, comme des affections de » famille ; il ne peut s'éteindre qu'avec le » flambeau de la vie.

» Sachez donc apprécier, ô chers enfans ! » le bienfait que vous procurent vos pères et » le Gouvernement. C'est de la main répara- » trice de l'Empereur que vous tenez l'avan- » tage inappréciable de pouvoir cultiver ici » votre esprit et votre cœur (*). *Vertu, re-* » *ligion, souverain, patrie*, voilà le but de » vos études aujourd'hui, et bientôt le guide » de votre conduite pendant votre existence » sur la terre.

» Tous vos jours seront donc voués à la » reconnaissance envers Dieu qui nous ac- » corda un si grand Prince, envers ce Prince » dont le courage, la fermeté, les qualités » éminentes et héroïques ont si heureusement » secondé les desseins profonds de la provi- » vidence.

(*) *Décrets impériaux des* 11 *février et* 24 *juillet* 1808, *qui concèdent ces magnifiques bâtimens, et accordent* 20,000 *fr. pour leur restauration.*

» Auguste Souverain ! père de la patrie ! » cette génération s'élève pour se dévouer à » ton service, pour embellir ton règne de » nouvelles vertus, de nouveaux chefs-d'œu- » vres. S'il faut combattre, elle te garantit de » nouveaux triomphes; et cette jeune race de » Français, ainsi perfectionnée par tes sages » décrets consacrés à l'instruction publique, » sera à la fois ta gloire, ton ouvrage et ta » récompense. » VIVE L'EMPEREUR !

1814. — Les Ingénieurs que le Gouvernement avait envoyé à Auch, ont continué leur route vers les Pyrénées, relativement au canal où à la navigation du Gers.

M. d'Etigny, qui avait été Intendant à Auch, avait conçu le projet de l'y faire passer, et aurait bien réussi si la mort ne l'eût rayé sitôt du nombre des vivans.

Car M. d'Etigny avait un zèle ardent et infatigable qui ne s'effrayait pas de l'immensité des travaux, qui ne s'étonnait point de la grandeur des obstacles, qui ne se déconcertait pas par la multiplicité des difficultés. Bagnères, Cauterets, Luchon et Barèges, vous serez les monumens éternels de ce que peut un homme d'Etat animé par un zèle dont l'ardeur est tempérée par la sagesse, et dont les lumières dirigent l'intrépidité. Le voyageur ne voit et ne contemple que d'un œil étonné ces routes suspendues sur le flanc escarpé des montagnes qui paraissent déversées et semblent menacer d'une chute prochaine.

Mais, ce qu'il y a de singulier, c'est que quand on parle à certaines personnes de l'avantage qu'il y a de rendre le Gers navigable, elles vous répondent d'un air indifférent que cela ne serait bon que pour porter des planches ou des pommes de terre. Il y en a là pour être étonné ou bien renversé; mais

Non datur omnibus adire Corinthum.

Je ne sais quel peut être le motif des réponses aussi sottes. On dirait que ces personnes sont payées pour déprécier ce projet, ou pour en empêcher l'exécution.

Il en est même qui se plaisent à le répéter sans savoir ni pourquoi, ni comment.

Je parlai un jour de cela, dans son cabinet, à M. d'Etigny, qui était Sous-préfet. Je lui dis qu'il y avait des personnes qui disaient que ce canal ne serait bon que pour porter des planches et des pommes de terre.

M. d'Etigny me répondit : vous pouvez dire à ces bonnes gens qu'ils se trompent, qu'il y a autre chose que des planches et des pommes de terre dans les montagnes des Pyrénées.

Quand ce ne serait que les marbres précieux dont nos Temples et nos Palais sont embellis; quand ce ne serait que les mâtures qui périssent souvent sur le sol qui les produit, et tant d'autres choses qu'il y a dans les Pyrénées.

Il ne faut que peu d'argent et quelques pouces d'eau pour l'exécution de ce projet, et de plus l'autorisation du Gouvernement. Voilà sa réponse.

Ces personnes ou les habitans de cette ville devraient être les premières à demander l'exécution de ce magnifique plan, si utile pour l'Etat, si nécessaire à ce département et à cette ville.

Si je m'exprime ainsi, c'est pour l'amour du bien public, l'intérêt du pays et celui de ma ville natale.

Mais quand on voit les d'Etigny, les Napoléon en concevoir le projet; quand on entend un Préfet s'énoncer aussi clairement, et un Ingénieur dire que la chose est possible, qu'il ne faut même que peu d'argent (c'est l'essentiel), je ne comprends pas comment on peut refuser de l'eau (*) à des gens qui en ont besoin.

Il ne faut pas dire que l'eau manque. Vers les Pyrénées il y a de l'eau pour tout le monde. Avec peu on fera beaucoup; on peut rendre tout le monde content. On peut faire jouir les départemens voisins d'un bonheur semblable à celui dont jouissent les autres depuis long-temps.

(*) L'eau est un des premiers ou principaux agens de notre conservation. PLUTARQUE dit : *Considerata utilitate aeris vel aquæ, aquam eligit, quia sub sensus Cadit, et quia homines, sine illa vivere non possent.*

Que d'actions de grâces n'aurait-on pas à rendre au Ministre qui ferait réaliser un semblable projet! Son nom, gravé dans le Temple de la Gloire, passerait à la postérité la plus reculée.

Le Ministre peut savoir que quand les chaleurs sont fortes ou intenses, tout est à sec dans le pays, rivières et fontaines, et cela arrive assez souvent.

Sans aller bien loin surtout, voyez l'année 1832. Tout était à sec; gens et bêtes, tout souffrait.

Que l'on jette les yeux sur les Chroniques d'Auch, page 175. Il y est dit que, vu les chaleurs de l'été, la sécheresse fut si excessive, que les habitans furent obligés d'aller faire moudre leur grain à Toulouse, de congédier les étudians et les séminaristes faute de pain dans cette ville.

Les Auscitains ne doivent donc pas perdre cela de vue; car encore M. le Préfet nous disait un jour que les intentions de Napoléon étaient de faire ce canal, et de le prolonger jusqu'en Espagne. Il se serait fait très-certainement, car rien ne résistait à son génie. M. Dessolle, Président du Conseil des Ministres, aurait bien pu donner suite à l'idée de l'Intendant d'Etigny et de Napoléon; mais..................

Le canal de la Baïse se fait, et celui du Gers, dont on parle depuis long-temps, est encore à faire.

Mais, pour l'obtenir, il faut que la ville, le Maire et le Conseil Municipal, qui est composé de personnes honnêtes et éclairées, se donnent des mouvemens, présentent des pétitions au Gouvernement, envoient à Paris des personnes de mérite qui sachent faire au Roi des représentations convenables et des observations au Ministre. Il faut que M. le Préfet prenne avec zèle la navigation du Gers en considération. Alors, je suis bien persuadé que le Gouvernement en autorisera l'exécution; alors la ville l'obtiendra, et M. le Préfet ou M. le Maire méritera une place dans l'Histoire.

— Le 21 Mars, les Anglais entrèrent dans

la ville et la quittèrent le 2 Juin, avec une division portugaise.

—Le 26 Avril, arrivée du Duc d'Angoulême à Auch.

— La Société d'Agriculture accorde pour 1815 une ruche d'argent de deux cents fr. à l'agriculteur du département qui aura cultivé le plus grand nombre d'abeilles, d'après la méthode et avec la ruche pyramidale de M^r^. *Ducouedic*.

1815. — M^r^. Brochet de Verigny, Chevalier de la Légion d'honneur, nommé Préfet du Gers, est arrivé le 18 Février, dans la matinée.

— Le 2 Mars, il y eut un discours écrit en espagnol et traduit en français par M^r^. *Salas*, réfugié Espagnol, et prononcé par M^r^. *Calvo*, prêtre de la même nation, dans l'Eglise Ste.-Marie, pour la Restauration de Louis XVIII.

1816. — On vient de trouver dans un puits travaillé tout en pierre carrée, plusieurs vases ou urnes remplies de cendres, avec des pièces en cuivre, moyen bronze, représentant des empereurs Romains. Il y en avait une où était une pièce en or.

Mr. Dayrenx, avocat et savant antiquaire, restant rue Dessolle, en donna un louis en ma présence.

Elles devaient contenir les cendres des morts. Elles durent y être jetées lors du passage des Goths, des Sarrasins, ou autres peuples barbares qui mettaient tout à feu et à sang. Cette plaine ou cette terre est baignée de sang et de larmes.

Combien grande devait être la désolation! St. Jérôme parle ainsi de la dévastation de la Novempopulanie par les Vandales, etc. etc.

EXTRAIT DE LA LETTRE XI DE St. JÉRÔME A LA VEUVE AGERUCHIE, an 408. 409. 410.

Innumerabiles et ferocissimæ nationes universas Gallias occuparunt. Quidquid inter Alpes et Pyreneum est, quod Oceano et Rheno includitur, Quadus, Vandalus, Sarmata, Alani, Gipedes, Heruli, Saxo-

nes, Burgundiones, Alemanni, etc. (ô lugenda Respublica) hostes pannonii vastarunt, etc, Aquitaniæ, novemque populorum, Lugdunensis, et Narbonensis provinciæ, præter paucas urbes quas foris gladius, et intus fames consumit, populata sunt cuncta. Non possum absque lacrymis Tolosæ mentionem facere, quæ huc usque non rueret, Sancti Exuperii Episcopi merita præstiterunt.

St. Grégoire de Tours, dit: *Maximè tunc Novempopulaniæ et Aquitaniæ urbes hac tempestate depopulatæ sunt.*

Adon, Archevêque de Vienne, a écrit aussi: *Sarracenni totam Aquitaniam vastantes et omnia flammis exurentes, Monasteria quoque ac loca sacra fædantes, innumerum populum abjiciunt.*

St. Orens, dans son second livre, dit: *Uno fumavit Gallia tota Rogo.*

Les jardiniers ou laboureurs découvrent de temps en temps, dans cette plaine où était située l'anciene ville nommée *Climberris*, des chambres pavées à la mosaïque dont le dessin est beau.

On y voit encore les restes d'un ancien aqueduc bâti en pierre carrée, qui part du ruisseau nommé *Nastram*, et qui se prolonge jusqu'au *Jalis*, bien de campagne. Mais les jardiniers le defont chaque jour.

J'ai dans mon cabinet un morceau ou fragment d'un pavé à la mosaïque bien conservé.

Mr. de LATOUR DU PIN, Archevêque d'Auch, prélat aussi recommandable par sa science que par ses vertus, voulait l'acheter. Mais il fut obligé de passer en Espagne, où il fut reçu avec distinction par l'Archevêque de Tolède.

1817. — Le 27 Juillet, l'inauguration de la Statue de M. A.-M. d'Etigny, Intendant d'Auch, a eu lieu ou s'est faite en présence d'un monde immense.

C'est à cette occasion qu'un Membre du Conseil général prononça le Discours suivant :

« Puisque c'est un hommage départemen-
» tal que nous rendons à la mémoire de l'im-
» mortel d'Etigny, et que le Conseil général
» en a conçu l'honorable initiative, qu'il me
» soit permis, en son nom, d'ajouter rapide-
» ment quelques traits à l'éloge noble et tou-
» chant que l'on en a fait.

» Tout ici nous parle du grand adminis-
» trateur que nous honorons : les trophées
» de sa gloire nous environnent; et le vaste
» pays que son génie créateur féconda, n'a
» pas une source de prospérité qui ne re-
» monte vers lui.

» Je vous atteste surtout, vous qui, comme
» moi, contemporains de son infatigable ad-
» ministration, pouvez comparer le présent
» avec le passé, et notre statistique actuelle
» avec la statistique d'alors.

» Vous qui le vîtes parmi nous, comme
» un père au milieu de ses enfans, s'oubliant
» pour eux, occupé d'une seule pensée, animé
» d'un seul désir, d'une seule passion; infa-
» tigable dans la poursuite de son objet; lui
» sacrifiant son repos, tous les instans de sa

» vie, ses intérêts personnels, sa fortune, » même sa gloire du moment, pour courir » après la gloire durable de faire le bien et » de mériter la reconnaissance de l'avenir.

» Noble et généreux dévouement! partage » exclusif des âmes du premier ordre!

» Des grandes routes sillonnent en tout » sens la généralité d'Auch; la culture fé» conde des terres jusqu'alors infertiles; l'in» dustrie rompt les liens qui la comprimaient, » le commerce reçoit la vie et la redonne à » son tour; des moyens d'échange lui sont » offerts; il s'en empare et les fait circuler; » et, pour prix de nos excédans, nous donne » des jouissances dont l'usage nous était in» connu.

» Rien ne résiste à la puissance du génie » ardent pour le bien.

» Nos Pyrénées recélaient d'immenses ri» chesses pour la marine, des marbres pré» cieux, des eaux salutaires; mais la nature » en nous montrant ces biens, semblait se » jouer de notre faiblesse, et nous en inter» dire la jouissance, en les plaçant à d'inac» cessibles hauteurs.

» Pour les atteindre, il fallait des prodiges.

» D'Etigny les commande, et les obtient.

» Qui pourrait donc accuser d'exagération » ou de flatterie l'hommage pur et désinté- » ressé que nous lui rendons, sous l'autori- » sation spéciale d'un Roi, juste appréciateur » des hommes, des choses, des convenances!

» Serait-ce la médiocrité dédaigneuse qui » cherche à tout ravaler? ou l'aveugle préjugé » qui toujours néglige le présent, et se reporte » avec complaisance vers le passé, pour y » puiser des règles qui ne sont plus dans nos » mœurs?

» L'envie qui poursuivit d'Etigny jusques » dans les derniers momens de sa vie, aurait- » elle survécu pour attaquer sa mémoire, » s'agiter sur sa tombe?

» Vains efforts! Celui qui a fait revivre le » noble caractère du grand Henri et relevé » sa statue, a permis que celle de notre im- » mortel Intendant s'élevât au milieu de » nous, comme un pacte éternel entre la re- » connaissance et la mémoire du bienfaiteur.

» Que tout sentiment ennemi se taise et » se confonde dans le sentiment général.

» Honneur à l'homme immortel dont les » traits sont exposés à nos regards, et dont » notre bonheur fut l'ouvrage! honneur à la » famille qu'il couvre de sa gloire! honneur » au magistrat qui se montre également digne » de le louer et de l'imiter!

» Amour et vénération sans bornes pour » un Roi, qui, placé dans des circonstances » sans exemple, y fait briller des vertus sans » modèle! Vive le Roi! »

— Le 7 Septembre, la Troupe du 21me Arrondissement théâtral, sous la Régie de Mme *Marigny*, jouant Comédies, Tragédies, Mélodrames et Vaudevilles, donna :

LE MARIAGE DE FIGARO,

Par BEAUMARCHAIS.

ET

JEAN D'ARMAGNAC,

OU

LE SIÉGE DE LA VILLE D'AUCH,

Pièce Historique en deux Actes et en prose, tirée des vieilles Chroniques de cette Ville.

C'est sous le règne de Charles VII que la

ville d'Auch soutint le siége qui fait le sujet de cette pièce. Les Anglais, qui croyaient s'en emparer, virent échouer leur projet par le courage de Blanche, épouse de Jean V, comte d'Armagnac, pour lors prisonnier du commandant Anglais. Le chevalier Odon, épris de Blanche, et ne pouvant faire partager ses sentimens à cette femme vertueuse, avait résolu de livrer la ville. Déjà l'ennemi s'en était rendu maître; mais l'honneur, les remords le ramenant à ses devoirs, il arrive avec ses troupes, combat les Anglais, parvient à délivrer Jean et son épouse prêts à expirer sur un bûcher, et trouve ensuite une mort glorieuse en combattant pour son pays. Digne fin d'un héros qui, un instant, avait terni sa gloire!

— Les Colléges électoraux du département furent convoqués le 20 septembre, à Auch, et se divisèrent en 3. Les uns furent au Collége, les autres aux Jacobins, et les autres au Séminaire.

1818. — On vient de trouver encore

dans cette plaine où était l'ancienne ville nommée *Climberris*, l'empereur DOMITIEN, moyen bronze, à revers différens.

Mais celui qui est le plus curieux, est celui sur le revers duquel on voit le devant d'un Temple où il y a 4 personnages, dont un tient deux beliers, et les deux autres jouent de la flûte et de la lyre avec cette inscription : *COS. XIIII.*

On y a trouvé encore une pièce en argent représentant la conquête de l'Afrique par CÉSAR. D'un côté on voit un éléphant écrasant un scorpion ; au bas il y a CÉSAR.

Le revers représente un aspersoir avec un vase.

Elle appartient à la famille *Julia*. Je l'ai dans mon cabinet.

Encore on y a trouvé une pièce consulaire appartenant au consul *Sotius*, que l'on voit au-dessous de l'hyène.

Elle représente deux cornes d'abondance.

Encore on y a trouvé une pièce consulaire en argent, appartenant à la famille *Aurelia*.

La médaille représente une tête de Junon S., recouverte d'une peau de chèvre.

Le revers représente un sanglier avec cette inscription : *L. Aureli.*

Au-dessous du sanglier, il y a *Orestes.*

Encore on y a trouvé *M.-P. Cato.*

Plus, une pièce punique bien conservée. On y a trouvé encore une pièce de cuivre, moyen bronze, bien conservée, représentant le Triumvirat ou les Triumvirs, que j'ai.

1819. — Il y eut, au Collége, une séance publique le 31 août, où se fit une proclamation des noms des Elèves couronnés de la main de M. le Baron De Lascours, Préfet du Gers, chevalier de l'Ordre Royal de St.-Louis, décoré de l'Ordre de *Cincinnatus.*

1820. — La ville fit le projet de construire, au faubourg de la Treille, des casernes pour les troupes de ligne.

Ce plan fut adopté par le Gouvernement. On l'appelera le *Quartier Henri.*

— Cette même année, le 30 Juillet, à 5 heures du soir, le Conseil Municipal arrête de faire dire deux messes par semaine jusqu'à l'heureuse délivrance de S. A. R. Madame la Duchesse de Berri.

— Le 29 Novembre, lettre adressée à M. le Maire d'Auch, par ordre de S. A. R. Madame la Duchesse de Berri.

1821. — Ordonnance du Roi qui autorise l'acceptation, au profit du Séminaire d'Auch, d'un legs de quatre mille francs en argent, fait à cet établissement par dame Jeanne Leydon, veuve Junca, suivant son testament olographe.

— Encore construction de Casernes pour la Gendarmerie, aux Cordeliers.

1822. — Des chaleurs fortes et brûlantes que les plus avancés en âge n'avaient point vu, se firent ressentir et se soutinrent jusqu'en octobre.

La sécheresse fut extrême. Aussi on vendangea à Auch de bonne heure, c'est-à-dire, le 4 septembre. La vendange mûrit sans une goutte d'eau ; car depuis plus d'un an il ne pleuvait jamais. Cependant le raisin fut beau, le vin bon et en quantité.

Tout le monde fut étonné de voir un nombre infini et prodigieux de chenilles couvrir les arbres fruitiers. Les bois, les forêts, en furent tous couverts. L'enveloppe blanchâtre de ces insectes rendait ces arbres semblables à de la neige.

Plantæ ipsæ sine honore frondium visebantur.

Les fontaines de la ville furent toutes à sec. Il n'y eut que la fontaine du *Pipot* près Mont-Bernard, qui ne cessa jamais de couler, et de donner à toute la ville qui y allait, à l'exception de quelques maisons qui buvaient de l'eau des puits.

Cette circonstance devrait engager la ville à faire tomber la fontaine du Pipot dans celle du Caillou. Alors on aurait continuellement et abondamment de l'eau. C'est la fontaine de Blanduse dont parle Horace.

— M. de Laporte, Evêque de Carcassonne, est nommé Archevêque d'Auch; mais il ne voulut point accepter.

1823. — La Maison départementale de Secours ou Dépôt de Mendicité, qui était au faubourg de la Treille près les écuries, et que l'on a transporté aux ci-devant Capucins, a fini de se construire.

— Dans ce moment-ci on construit à force, au faubourg de la Treille, de belles casernes pour les troupes de ligne, plan qui avait été arrêté en 1820.

— Encore on construit un superbe aqueduc qui traverse la grande allée de la Porte-Neuve ou cours d'Etigny, et cela pour mener l'eau de la fontaine de Begué sur la place, et on fait une autre fontaine sur la gauche, c'est-à-dire qu'on fait le pendant de la première.

— En Janvier, on a reçu, à Auch, la nouvelle de la nomination de M. de Morlhon à l'Archevêché d'Auch.

De suite, M. le Préfet a donné des ordres pour faire au dit Archevêché les réparations convenables.

—Dans ce moment on finit de construire la nouvelle Eglise de St.-Orens, que l'on avait commencée depuis quelques années.

Le frontispice en est beau; et de chaque côté et sur le haut on a placé deux bustes, dont l'un est St.-Orens, et l'autre St.-Clair.

L'insalubrité de l'ancienne Eglise de St.-Orens située près le Gers, et la plus ancienne de la province, a fait qu'on l'a transportée plus haut, c'est-à-dire, à l'extrêmité de la rue Dessolle, ou Chemin-Droit.

Quant à l'ancienne, elle est très-utile pour un Couvent de Religieuses Ursulines qui viennent de se fixer à Auch dans l'ancien Monastère de St.-Orens. Elles y ont réuni l'utile à l'agréable. Elles y ont un beau jardin.

—On a fini la plantation des ormeaux au chemin de l'Oratoire, qui sera un jour très-agréable. On a commencé cette plantation à la Croix, et fini à la hauteur de Frescati. Ce sera un beau point de vue.

— A St.-Pierre, on parle d'appeler rue *Climberris*, la rue de Serres, qui va du pont de St.-Pierre au Garros. On ferait bien ; cela rappelerait aux Auscitains et à la postérité, le nom d'une ville florissante des Gaules.

— On travaille à réparer la ci-devant Eglise des Jacobins, et cela pour les Missionnaires.

— On découvre toujours dans l'ancienne ville nommée Climberris, des conduits souterrains, des inscriptions imparfaites, des pavés à la mosaïque, des fragmens de marbres de différentes couleurs, des pièces consulaires, des médailles impériales en or, en argent, mais beaucoup plus en bronze, des épingles en ivoire très-grandes, des bracelets en or, et des urnes.

Mais parmi les pièces consulaires en argent, je rapporterai celles qu'on y trouve, ou que l'on y a trouvé.

1°. La famille *Durnaca*, inconnue aux Antiquaires, que l'on trouve dans le cabinet de M. Dayrenx, avocat et savant numismate.

Ensuite les familles :

Acilia.
Afrania.
Antonia.
Æmilia.
Antonii Legio.
Alia.
Manlia.
Papia.
Plautia.
Titia.
Volteia.
Cassia.
Cæsia.
Calisia.
Calvilia.
Ægnatia.
Ægnatuleia.
Marcia.
Mettia.
Posthumia.
Rutilia.
Valeria.
Fonteia.
Julia.
Junia.
Licinia.
Mamilia.
Minutia.
Norbana.
Pollicia.
Sentia.
Vibia.

On y a trouvé encore la famille *Gallia*, grand bronze.

Encore la *Mathidia*, de coin Romain, moyen bronze, inconnue jusqu'à présent.

Encore la *Marciana*, grand bronze.

On vient d'y trouver l'*Othon*, grand bronze. C'est M. Dayrenx, restant au Chemin-Droit, qui l'a dans son cabinet d'antiques. Il a été trouvé dans le jardin de M. Cortade, qui est près le pont St.-Martin.

On y trouve encore plusieurs médailles

des colonies ſondées en Espagne, en moyen bronze.

Très-souvent on trouve la colonie de Nîmes fondée par Agrippa.

MONUMENS ANTIQUES.

On y en a trouvé plusieurs, parmi lesquels un petit Autel votif à la déesse *Tutele*. C'est moi qui l'ai trouvé. J'en ai fait présent à M. Dayrenx.

2° Une coupe Grecque en argent;

3° Un Apollon Pithyen;

4° Une urne en verre trouvée dans un sarcophage de plomb rempli d'un baume noirâtre; découverte qui a terminé les contestations qui ont existé entre certains antiquaires.

Les uns soutenaient qu'on renfermait dans les tombeaux ou dans des urnes, des fioles en verre renfermant les larmes que versaient les parens ou les pleureuses aux funérailles des morts. Les autres soutenaient, au contraire, que ces fioles ne renfermaient pas de larmes, mais qu'elles étaient remplies de baume ou de quelque liqueur semblable qu'on offrait aux mânes des morts.

— Le 19 Février, est arrivé un superbe régiment de cavalerie pour aller en Espagne remettre le roi Ferdinand sur le Trône. Il va en passer encore d'autres; c'est-à-dire, qu'à dater d'aujourd'hui jusqu'au 20 Mars, le passage des troupes dans cette ville ne doit pas discontinuer. On en évalue le nombre à vingt mille, parmi lesquels se trouvent deux régimens de la Garde Royale.

— J'ai trouvé à St.-Cricq, dans l'intérieur de l'Eglise, des pavés à la mosaïque et des pièces impériales semblables à celles que l'on trouve dans la *Climberris*. C'est sur cette montagne appelée *Nerveva*, qu'était le Temple d'Apollon, comme j'ai dit ci-dessus.

— Le 27 Mars, à 6 heures du soir, est arrivé Mgr. le Duc d'Angoulême, se rendant à Bayonne, relativement aux affaires d'Espagne. Le lendemain il assista aux offices, et partit de suite après.

— Le 24 Avril, sont passés des prisonniers Espagnols au nombre de 300. Ils furent pris près de St.-Sébastien.

— Depuis le 20 Mai, on fait de grands préparatifs pour l'arrivée de Mme la Duchesse d'Angoulême.

Le 28 Mai, a fait son entrée dans Auch, Mme la Duchesse d'Angoulême, vers midi. Elle est répartie à 2 heures. Elle s'est rendue avant à l'Eglise Ste.-Marie.

— Le 17 Août, est arrivé M. de Morlhon, Archevêque, à 3 heures du soir, comme on allait chanter Vêpres. Les cloches et l'artillerie ont annoncé son entrée.

1824. — Une grande partie de l'Armée d'Espagne a repassé par cette ville dans le mois de Janvier.

— Depuis le 24 Janvier, on aperçoit une Comète dans la partie boréale du ciel entre la petite Ourse et la grande. *Cometa caudatus.*

— Le 27 Avril, beaucoup de Prisonniers Espagnols Constitutionnels sont arrivés dans cette ville, s'en revenant en Espagne. Leur bonne conduite a fait qu'on leur a permis de promener en ville.

— Le froid se soutient encore le 24 Mai. Le manteau est encore bon. Tout le monde craint pour la vigne.

— On trouve chaque jour des médailles, soit en bronze, soit en argent, dans la plaine où était située la *Climberris.*

On vient d'y trouver le dieu Mars en bronze, pour qui les Gaulois avaient une grande vénération. Je viens de le voir chez M. Dayrenx, avocat et savant antiquaire, restant rue Dessolle.

— Le froid se soutient encore le 15 juin.

— La procession de la Fête-Dieu a été considérablement dérangée. Une pluie abondante en a été la cause, le froid se soutenant toujours ; chacun s'est retiré comme il a pu. Le St.-Sacrement a été porté dans l'ancienne Eglise de St.-Orens, le dais mis dans une grange.

— Le 22 novembre, à 8 heures du soir,

est arrivé le frère du roi de Saxe (Maximilien-Marie), se rendant en Espagne pour voir sa fille Amélie, reine d'Espagne.

— Le 14 décembre, furent baptisées huit cloches. L'Archevêque fut le parrain d'une. Le Tribunal civil, les Directeurs des Contributions directes et indirectes, les Officiers d'infanterie et de cavalerie, et le Baron De Lascours, Préfet, furent les parrains des autres.

— Destitution de M. le Baron De Lascours, malgré ses vertus et sa probité. Il a emporté les regrets, non seulement de la ville, mais de tout le département. Ce Préfet était du département du Gard. C'était un second d'Etigny.

1825. — Dans ce moment, il se trouve dans Auch trois cabinets d'antiquités, fort curieux.

M. Dayrenx, savant numismate, restant rue Dessolle, possède un cabinet de médailles impériales latines, contenant des suites riches et nombreuses dans les trois métaux et dans les trois modèles de bronze.

De plus, une suite de médailles consulaires en argent et en bronze.

De plus, un laraire composé d'idôles Romaines, Gauloises; anneaux antiques, agrestes; lampes sépulcrales, vases et instrumens pour les sacrifices; des inscriptions latines, autels votifs, etc., etc.

Une grande partie de ces antiquités a été découverte dans l'ancienne ville d'Auch, nommée *Climberris*, où ce savant va promener chaque jour pour augmenter sa collection. Que va devenir ce beau cabinet après sa mort?

M. Dayrenx possède encore une riche collection de tableaux, un cabinet de livres rares; une collection de monnaies en or, en argent, des trois races des Rois de France, de même que des Papes; des médaillons de Rois, d'hommes illustres, en or et en argent, des pierres gravées; de morceaux de sculpture, dessins; de morceaux d'histoire naturelle.

M. Berot de Cologne, restant rue d'Etigny, en possède un qui approche du premier.

M. Laporte, pharmacien, demeurant place Ste.-Marie, possède aussi quelques médailles impériales et consulaires qu'il a trouvées aussi dans la plaine.

M. Sentetz fils, bibliothécaire de la ville d'Auch, possède aussi quelques médailles impériales et consulaires. Il reste au bout de la Posterle, près l'ancienne Maîtrise.

— Le 2 Mai, est repassé le frère du roi de Saxe (Maximilien-Marie), revenant d'Espagne. Cette fois-ci il n'a point fait de séjour.

— Le 10 Mai, départ de M. de Morlhon, Archevêque d'Auch, pour Paris, se rendant au Sacre, avec son neveu l'abbé de Morlhon, Chanoine titulaire de la Métropole.

— La procession de la Fête-Dieu n'a point pu encore sortir cette année; le temps pluvieux en a été la cause.

— 27 Juin, retour du Sacre, de M. De Morlhon, Archevêque d'Auch.

— Ce qu'il y a eu de singulier cette année,

c'est que depuis le 17 Juillet jusqu'au 17 Août, le temps a été frais, froid et pluvieux. La canicule paraissant, la chaleur est devenue intense.

— Le 2 Octobre, apparition d'une Comète vers l'Orient, qui ne fait aucune sensation; *invito claudiani versiculo.*

In cœlo nunquam spectatum impunè Cometam.

— Le 3 Décembre, on découvrit une superbe statue en marbre de grandeur naturelle, sur le bord de la rivière près le Garros, dans l'endroit où était située l'ancienne ville *Climberris*. C'était une prêtresse de Vesta; étendue sur des morceaux de marbre arrangés exprès, elle était recouverte d'une belle draperie, mais elle était sans tête. Un sablier dit qu'il avait rencontré un jour une tête dans la rivière.

Ce fut en arrangeant le chemin du Garros qu'elle fut découverte assez profondément par un piqueur de routes.

Le Maire la fit porter à l'hôtel-de-ville.

1826. — Beaux jours, jours superbes, température douce, semblable à celle du mois de Mai, depuis le 25 Janvier jusqu'au 16 Février : alors le temps s'est mis à la pluie.

— Etablissement d'une belle Papeterie à la Ribère, près le Garros.

Il y avait autrefois un Foulon.

— Cette année on n'a point célébré la délivrance de la ville d'Auch le 6 Mai, par la procession générale qu'on fesait avec les reliques de St.-Orens, depuis un temps immémorial. Il me semble qu'on aurait pu conserver cet antique et religieux usage de nos ancêtres. Ce qui arriva pour lors méritait bien qu'on ne discontinuât point (*).

— Le 27 Novembre, l'orage s'est fait entendre du côté du couchant.

1827. — Le tonnerre s'est fait entendre le 12 Janvier, et dans la soirée il est tombé beaucoup de grésil.

(*) Voyez *Chroniques du Diocèse d'Auch*, pag. 57.

Le Gers déborda ou quitta son lit ; il y avait bien long-temps qu'on ne l'avait pas vu si gros. Je le vis remplissant toutes les prairies environnantes, appelées *Coutures*. Il se porta aussi vers la Patte-d'Oie, la couvrit et monta jusqu'à l'entrée du chemin qui conduit à Toulouse.

— On a trouvé dans la plaine où était située la *Climberris*, une pierre tombale (marbre) sur laquelle on lisait cette inscription :

HIC. JACET. ALBINUS.
CUM. ORTODIA.
CONJUGE. SUA.

On la vendit assez cher.

A côté du tombeau on y trouva deux têtes en marbre bien conservées, que j'ai vu. L'une représentait l'homme, et l'autre était celle de la femme.

On y trouva encore une autre pierre tumulaire avec cette épitaphe :

DIIS MANIBUS.

Cette même année, on y trouva une pièce en argent, bien conservée. C'est *Ancus-Martius*, roi de Rome.

Le côté principal de la médaille représente la tête du roi *Ancus-Martius* ornée du diadème, avec l'inscription : *Ancus*. Derrière le portrait, est un bâton augural, pour faire allusion au réglement qu'il fit concernant le Culte divin.

Au revers on voit six arches à côté l'une de l'autre, en mémoire de son aquéduc superbe qu'il avait fait commencer, avec cette inscription : *Aqua-Marcia*.

Au-dessus, est une personne à cheval, la main droite élevée et cette inscription : *Philippus*.

On voit encore entre les pieds de devant et de derrière du cheval, une figure méconnaissable, qui semble représenter une branche ou un petit arbre.

C'est Philippe qui fit graver cette pièce. M. de Cologne l'a en double dans son cabinet d'antiquités.

— La procession de la Fête-Dieu étant sortie, a éte obligée de rentrer de suite par la pluie qui est survenue. Voilà trois années consécutives que cette procession a éprouvé du dérangement.

1828. — Mort de Mgr. André-Etienne-Antoine DE MORLHON, Archevêque d'Auch, Comte et Pair de France.

— Jours superbes, température douce semblable à celle du mois de Mai, depuis le 2 janvier jusqu'au 27 dudit mois; journées riantes, dignes de l'Age d'Or. A cette époque les brouillards épais s'y sont mis, ont paru, la température restant la même.

Le 29, les beaux jours ont reparu, et les nuits ont rivalisé avec les jours pour la beauté et la splendeur du ciel.

Le 1er Février, jours renforcés de chaleur, jours caniculaires.

La plantation de la Croix, qui s'est faite, place Carmelites, a eu lieu le 7 Février. Beau-temps.

Le 9 Février, changement de temps. Pluie, vent et froid.

BOIS D'AUCH.

Le 11 Mars, dans la nuit, grande émeute en ville à cause de la vente du bois d'Auch.

Grands rassemblemens. La gendarmerie reçoit ordre de monter à cheval, et la troupe de ligne sous les armes.

La gendarmerie fait mine de charger. La troupe de ligne fait feu par les rues et aux fenêtres. Quelques-uns sont blessés.

Mercredi, à 6 heures du soir, toutes les troupes, infanterie, train d'artillerie et gendarmerie, se rangent en bataille devant l'Hôtel-de-Ville, attendant les rassemblemens.

Personne ne paraît; tout est tranquille.

Le 13 dudit Mars, arrivée du Général. Proclamation de la loi relative aux attroupemens. Tout est tranquille.

Le lendemain, il se fait des arrestations. Le Tribunal, jugeant en police correctionnelle, en condamne trois. L'un à 15 mois de prison, l'autre à 12 mois, et le dernier à 6 mois.

Appel du jugement à la Cour Royale d'Agen. Confirmation dudit jugement par la Cour.

— Le 21 Mai, on tua d'un coup de fusil,

un *percnoptère*, espèce de vautour, près le cimetière, à la maison de campagne de M. Lacaze, relieur.

Il y a de cela deux ou trois ans, que l'on tua aussi le petit aigle mâle et femelle, près de *Lucante*. Ils étaient descendus des Pyrénées.

— Arrivée de Madame la Duchesse de Berri, le 17 Août, à 6 heures du soir.

Tout le monde fut au-devant de son Altesse; Autorités constituées, troupes de ligne, gendarmerie, garde d'honneur.

Le soir, illumination générale, salves d'artillerie, feux d'artifices, danses, etc. etc.

Le 18 Août, elle repartit à 9 heures du matin, après avoir visité le Quartier-Henri, l'Église Ste.-Marie et la boiserie du Chœur. S. A. R. monta à la tour du Limaçon et à la tour du Serpent.

— Comme en 1825, même temps depuis le 17 Juillet jusqu'au 17 Août.

Quoiqu'il n'ait pas fait d'hiver, c'est-à-dire, que la température ait été douce, semblable à celle du mois de Mai, cependant la récolte en blé et en vin a été bonne. Pas même de maladies ni d'orages, ce qui semble contrarier le Proverbe des Anciens, qui porte que, quand il n'y a point d'hiver, la récolte en blé est mauvaise, et que l'on est accablé d'orages.

BOIS D'AUCH.

Malgré tout, les femmes, les pauvres de la ville, reviennent, comme ci-devant, au bois d'Auch pour y faire leur fagot, et personne ne leur dit rien.

— L'hectolitre du blé est monté à 22 fr.

1829. — Ceux qui ont acheté le bois d'Auch, considérant le bruit qui a résulté de ladite vente, et les malheurs qui pourraient survenir encore, demandent la résiliation dudit. En conséquence, l'affaire a été plaidée devant le tribunal d'Auch, et elle n'a pas encore fini. C'est le 22 Mai que l'affaire a commencé.

— Encore, depuis le 17 Juillet jusqu'au 17 Août, le temps a été frais, froid, pluvieux;

les manteaux, les capotes, ont reparu. Nous voici au 2 Septembre, le temps frais se soutient.

— Le 5 Septembre au soir, est arrivé Mgr. le Cardinal d'Izoard, qui avait été nommé Archevêque d'Auch.

— Le 22 Septembre, le Cardinal de Clermont-Tonnerre, Archevêque de Toulouse, est arrivé à Auch. Il est venu faire sa visite à Mgr. d'Isoard.

JUGEMENT DE FRANÇOISE TRENQUE.

Françoise *Trenque*, condamnée à la peine de mort, par la Cour d'Assises du département du Gers, sous la présidence de M. Donodevie, dans ses audiences des 9, 10 et 11 Juillet 1829, pour avoir empoisonné son père, sa mère, ses frères et sœurs, et autres personnes.

L'exécution a eu lieu le 16 Septembre.

Il était difficile de comprendre l'organisation de cette fille. Elle était âgée de 24 ans, native de Bezues, canton de Masseube. L'auditoire fut étonné de la douceur de sa voix, du naturel de sa pose, du sourire gracieux et froid dont elle accompagnait ses paroles.

Elle expliquait avec une sagacité et une justesse d'expression étonnante, les divers interrogatoires qu'on lui opposait.

Rien n'ébranlait l'accusée. Ses manières étaient très-obligeantes, très-attentives.

On n'imaginera jamais une femme plus douce, plus amie des pratiques religieuses, plus pudique et d'un caractère plus résolu.

Quelqu'un qui avait le droit d'examiner sa conduite, éleva un jour quelques doutes sur la bonne conduite de la jeune fille; il eut à s'en repentir. Elle s'emporta, et ne voulut plus voir la personne respectable qui osa douter un instant de sa vertu.

Quand on lui annonça le rejet du pourvoi, son confesseur lui dit qu'il n'y avait plus d'espérance. « J'aurais dû le deviner, répondit-elle, au visage de mon défenseur ce matin. Le pauvre homme n'a pas osé me le dire. Qu'on le prie de venir. »

Quand l'homme de la loi fut arrivé, loin

de s'émouvoir, elle dit avec le plus grand sang-froid : « Je veux faire ma toilette moi-même. » Aussi, a-t-elle passé elle seule la chemise préparée. Et puis, « on m'a dit qu'il » me fallait un voile ; qu'on me le donne » donc. »

Comprendra qui pourra l'organisation de cette fille. Son crime, son apparente candeur, sa douceur toute remarquable, ses manières extrêmement obligeantes, ses mœurs exemplaires, son courage, sa dévotion, tout cela confond l'intelligence commune.

— Nous avons à Auch, depuis quelques jours, une femme dont les Journaux ont parlé, et qui offre un phénomène de longévité tout-à-fait remarquable. Elisabeth, fille de Claude Thomas et d'Anne Métral, fut baptisée dans la paroisse de Villaroux, à trois lieues de Chamberry, *le dix-sept décembre mil sept cent quatorze.* Elle a été mariée deux fois, la seconde à l'âge de soixante-six ans, avec le nommé Durieux, âgé de vingt-cinq ans, dont elle porte le nom ; ils ont vécu treize ans ensemble ; elle n'a pas eu de famille. Dans l'intervalle du premier au second mariage, elle a été sept ans de suite courrier d'un prince à Milan (sous le nom d'Antoine; ce qui par continuation lui fait encore donner le nom de Toinon dans sa commune); pendant ce temps, personne n'eut le secret de son sexe, et ce pénible métier n'altéra nullement sa santé, qui résista même à de violens chagrins; le dernier fut, à ce qu'il paraît, l'incendie d'un hôtel qu'elle tenait à Lans-le-Bourg, où elle habitait depuis très-long-temps; il fut brûlé lors du passage des Autrichiens en 1815.

Par l'effet que l'on éprouve à son premier abord, on ne lui accorde guère plus de soixante et quelques années, tant elle est conservée d'une manière étonnante; elle est d'une taille moyenne; la vieillesse ne l'a pas courbée; très-vive, gaie, robuste et bien portante, elle tire, *avec raison*, une sorte de vanité d'avoir su se passer toujours de médecin; elle ignore ce que c'est que la plus légère maladie; elle fait de longs trajets à pied; elle ne connaît pas encore la fatigue;

elle assure que les médecins de la Famille royale de France, à laquelle elle eut l'honneur d'être présentée en 1827, lui ont prédit encore trente ans de vie.

Je l'ai considérée avec l'œil de l'observateur, et en l'examinant de près, j'ai vu chez elle les caractères qui indiquent une grande vieillesse, quoique l'individu soit conservé au-dessus de toute idée. La peau de tout le corps est ridée d'une manière particulière; on remarque surtout au-devant du cou et de la partie supérieure de la poitrine, une sorte de bourrelet formé par le nombre et la profondeur des rides; je n'ai rien vu de pareil sur les personnes les plus âgées que j'ai rencontrées jusqu'à ce jour; on est frappé de trouver à la nuque plusieurs lignes assez longues et profondes, dont les unes forment trois grandes X romaines très-distinctes; il commence de s'en former de nouvelles de chaque côté du cou. L'aspect de toute la peau, l'habitude du corps, le travail osseux du squelette, autant qu'on peut le distinguer, caractérisent son âge bien plus encore que ne le font ses papiers, quoiqu'ils soient authentiques et fort en règle; dans le nombre des détails qui sont intéressans à suivre, j'indiquerai les suivans :

Elle n'avait plus aucun cheveu il y a cinquante ans; il lui en est venu de nouveau; maintenant ils sont gris et assez abondans. Elle a perdu toutes ses dents de dessous sans aucune douleur; il lui en reste quelques fragmens à la mâchoire supérieure. Son pouls, très-normal, offre une régularité qui, selon son rapport, a frappé tous les médecins; j'ai compté plusieurs fois quatre-vingt-deux pulsations par minute, sans aucune variation. Elle ne dort presque pas; la nuit se passe à prier et chanter; sur le matin elle sommeille une ou deux heures au plus; elle devient triste quand elle est plus assoupie. Sa vue est affaiblie depuis environ trois ans et demi, parce qu'elle a une cataracte à l'œil gauche, et une autre qui commence au droit; c'est sa seule infirmité. Le goût, le toucher, l'odorat, l'ouïe, sont dans leur intégrité; elle n'a ni oppression ni aucun tremblement; sa mémoire est prodigieuse, elle raconte avec les détails minutieux les faits les plus éloignés. Elle se nourrit principalement de café très-sucré; comme on lui en offre dans beaucoup d'endroits et qu'elle l'accepte volontiers, elle m'a dit qu'elle en prenait de 30 à 40 tasses par jour. Elle mange peu de pain; elle ne consomme point de viande, elle boit fort peu de vin.

Elle ne se séquestre pas; on la rencontre dans les rues, le plus souvent à pied; elle fait des visites dans les campagnes des environs, ou en ville dans les maisons choisies, dans celles aussi où elle est désirée; chacun s'empresse de lui présenter une offrande, en considération de son âge et de ses malheurs; elle ne demande jamais, mais elle accepte avec reconnaissance.

—Tout le mois de Septembre, variabilité excessive (*) dans les qualités physiques de

(*) En parlant de cette variabilité excessive dans les qualités physiques de la constitution de l'air, on observera que c'est depuis le tremblement de Lisbonne qu'il y a de grandes variations dans l'atmosphère, ce qui pourrait bien être la

la constitution de l'air. Il a fait pluie, frais, brouillard, chaud et froid. Nous avons eu le mois de Novembre. Presque tout le blé est à dépiquer. Le raisin ne mûrit point, et ce mois pas de dyssenterie.

Au commencement d'Octobre, le froid se soutient encore. Il y a eu cependant 3 jours de beau, ce qui a concouru à faire mûrir le raisin ; mais le froid a reparu de suite, car il a tombé quelque peu de neige au Castera (*), et beaucoup de grésil aux environs d'Auch, le 9 Octobre. Quelle variabilité !

---

cause des maladies catharrales si fréquentes aujourd'hui. Le refroidissement de notre planète joint aux exhalaisons que les nouveaux défrichemens répandent dans l'atmosphère, pourraient bien en être aussi la cause.

On observera encore que depuis cette époque les hivers ne sont plus les mêmes, que les saisons ont changé ; la cause en est évidente. Chaque année l'inclinaison de la terre augmente, et de plus il y a précession des équinoxes, qui est, chaque année, de 20 minutes 21 secondes ; de sorte qu'au bout d'un certain temps, les signes du zodiaque ne seront plus correspondans au même point de notre planète.

(*) Castera, où se trouve un établissement d'eaux minérales, monument digne des Romains, magnifique édifice qu'on doit à la philantropie de M. le Marquis *De Pins*, l'un des plus distingués du département.

Le 10 Octobre, les vendanges ont eu lieu, et ont été abondantes. Tout le monde a augmenté; bien différent de 1822, où l'on commença le 4 Septembre.

Le vin a été mauvais, c'est-à-dire, vert, âpre.

La population de la ville d'Auch se monte, cette année, à 9801 âmes.

— Maintenant je vais parler de l'hiver rigoureux observé à Auch en 1829.

HIVER RIGOUREUX DE 1829.

L'hiver commença de bonne heure. Dans le mois d'Octobre, pendant les vendanges, la gelée blanche parut aussi plusieurs fois.

En Novembre, le froid augmenta; il glaça, et le froid fut de 6 degrés au thermomètre de Réaumur. Nous avons pris le thermomètre de Réaumur pour tout l'hiver.

En Décembre, le froid se soutint, et

Le 21	le *Thermomètre* marqua	5 degrés de froid ou de glace, ou de congélation; il tomba une neige abondante.
Le 22	il marqua ...	5 degrés $\frac{1}{4}$ de glace.

Le 23 .... 7 degrés $\frac{3}{4}$ de glace.

Le 24 .... 5 degrés.

Le 25 .... 8 degrés $\frac{1}{4}$

Le 26 .... 11 degrés $\frac{1}{2}$

Le 27 .... 12 degrés.

Le 28 .... 12 degrés.

Le 29 .... 12 degrés. L'eau se glaça dans les appartemens où elle ne s'était jamais prise, et l'urine se glaça dans les pots. Le verglas couvrit toutes les rues de la ville.

Le 30 .... 15 degrés de glace. — JOUR DU PLUS GRAND FROID. —

Le *Baromètre* était à 28 pouces 6 lignes.

La rivière se glaça toute aussi. Beaucoup de monde patina sur le Gers.

Le 31 ..... le *Thermomèt.* 8 degrés de froid.

Le *Baromètre* à 28 pouces 6 lignes.

1830.

Le 1er Janvier... le *Thermomèt.* 6 degrés de froid.

Le *Baromètre* 28 pouces 6 lignes.

Des givres parurent

et couvrirent tous les arbres.

Le 2	le *Thermomètre*	5 degrés de froid.
	Le *Baromètre*	28 pouces 6 lignes.
Le 3	le *Thermomètre*	6 degrés de froid.
	Le *Baromètre*	28 pouces 6 lignes.
Le 4	le *Thermomètre*	4 degrés de glace.
	Le *Baromètre*	28 pouces 6 lignes.
Le 5	le *Thermomètre*	3 degrés de glace.
	Le *Baromètre*	28 pouces 6 lignes.
Le 6	le *Thermomètre*	2 degrés de froid.
	Le *Baromètre*	28 pouces 6 lignes.
Le 7	le *Thermomètre*	5 degrés de froid.
	Le *Baromètre*	28 pouces 6 lignes.
Le 8	le *Thermomètre*	4 degrés $\frac{1}{2}$
	Le *Baromètre*	28 pouces.

Encore aujourd'hui il a neigé abondamment; et vu le temps rigoureux qu'il fait, tout le monde désire un changement à la Pleine Lune qui est le 9; et effectivement il y eut un changement dans le temps.

Le 9 .... le *Thermomètre* 2 degrés de froid.

Le *Baromètre* 28 pouces.

Le 10 .... lé *Thermomètre* 1 degré de froid.

Le *Baromètre* 28 pouces.

La neige se soutient encore depuis le 21 décembre. Le vent vient à changer, tourne au couchant, et le dégel ou la fonte commence.

Le 11 .... le *Thermomètre* 2 degrés de froid.

Le *Baromètre* 28 pouces.

Le vent tourne au nord, et le dégel est suspendu. La neige cesse de fondre. Dans la nuit le temps s'adoucit. Une quantité de neige plus abondante que la première est tombée. Tous en furent étonnés.

Le 12 .... le *Thermomètre* 0.

Le *Baromètre* est à la pluie.

Le 13 .... lé *Thermomètre* 3 degrés de froid.

Le *Baromètre* est à la pluie, et la neige se soutient toujours.

Le 14 .... le *Thermomètre* 5 degrés et demi de froid.

Le *Baromètre* 28 pouces 6 lignes.

Le 15 .... le *Thermomètre* 13 degrés de froid.

Le *Baromètre* 28 pouces 10 lignes.

Le vent tourne au nord. La nuit est très-belle et le jour plus beau.

Le 16 .... le *Thermomètre* 14 degrés et demi de froid.

Le *Baromètre* 28 pouces 10 lignes.

A midi, le ciel est devenu vaporeux, où des brouillards ont paru.

Le 17 .... le *Thermomètre* 10 degrés de froid.

Le *Baromètre* 28 pouces.

Le vent est au sud-ouest. La température change. Vers les 4 heures du soir il est tombé une petite pluie qui a duré demi heure. Le dégel commence, ou la neige fond.

Le 18 .... le *Thermomètre* 2 degrés de froid.

Le *Baromètre* 28 pouces.

Le vent du sud souffle et le dégel continue.

Le 19 .... le *Thermomètre* 2 degrés de froid.
Le *Baromètre* 28 pouces.

Le vent est au sud-ouest. Le dégel continue.

Le 20 .... le *Thermomètre* 0.
Le *Baromètre* 27 pouces 10 lignes.

Le vent d'autan souffle; la fonte ou le dégel est général.

Le 21 .... le *Thermomètre* 0.
Le *Baromètre* 27 pouces 10 lignes.

Le dégel continue, le temps est doux, et le soleil parait. Toute la neige a disparu. Tout le monde est content de voir finir cet hiver rigoureux. De mémoire d'homme on ne se souvient pas d'en avoir vu un semblable.

Quoiqu'il ait fait un hiver terrible, tout a été conservé: blé, légumes, pois, fèves, etc., grâces à la neige qui a tout recouvert, ou servi d'écran.

EFFETS DE L'HIVER.

Dans les maisons, tout glaçait à peu de distance du feu.

Les plantes étaient gelées dans les appartemens, malgré le feu le plus vif.

Les vins vieux et nouveaux se glacèrent dans les barriques et bouteilles. Plusieurs pièces de vin se sont défoncées.

Nos marchés ont été fournis de beaucoup de lièvres, canards, oies sauvages, etc. etc.

On a vu dans les environs quelques cygnes, ce qui annonce, d'après M. de Buffon, un long et rude hiver.

On a trouvé morts beaucoup de corbeaux.

Le froid a fait périr beaucoup de bétail; et dans plusieurs bergeries renommées, les brebis et moutons périrent par centaines.

En beaucoup d'endroits, la glace a pénétré le cœur des plus gros chênes, et les trois quarts des arbres de cette espèce se sont fendus depuis le tronc jusqu'à la cime.

Quant aux vignes, le froid a détruit une grande partie des ceps ou souches dans le bas-fond. Il ne faut pas s'étonner que tous les figuiers et lauriers soient morts.

MALADIES RÉGNANTES PENDANT CET HIVER.

Pendant le Froid.	*Après le Froid ou le Dégel.*
Des Paralysies, quelques affections de la membrane muqueuse; des catharres, des rhumatismes; morts de vieillards; morts subites.	Des morts subites, beaucoup d'affections de la membrane muqueuse, des catharres, des angines, toux, coryza, ophtalmies, rhumatismes, paralysies.

Vu la position de la ville qui présente partout des plans inclinés, il y a eu plusieurs accidens, comme fracture de bras, de jambes, de cuisses. Il y a eu aussi des asphyxiés par la braise ou vapeur du charbon.

ACTES DE BIENFAISANCE

DURANT CET HIVER RIGOUREUX.

Pendant ce temps, les pauvres de la ville et de la campagne ont été dans une pénible situation. Sans travail, sans bois, sans pain, le plus grand nombre serait mort si la charité n'était venue à leur secours. Aussi le Conseil municipal fit une allocation extraordinaire, et fit aussi appel à l'humanité des concitoyens. Des souscriptions furent ouvertes chez M. le Maire, chez MM. les Curés et Notaires.

On quêtait pour les pauvres dans les églises, les sociétés et en ville.

Mgr. d'Isoard, Archevêque d'Auch et Cardinal, chaque jour, depuis le grand froid, fesait distribuer aux familles de la classe indigente, et aux pauvres honteux, d'abondans secours, en pain, bois, viandes et légumes.

Le Maire de la ville d'Auch (M. David), plein d'humanité pour ses semblables, s'est donné beaucoup de mouvemens pour les pauvres de cette ville.

Non nobis solùm nati sumus, ortus que nostri partem patria vindicat, partem pauper.

Plato. Ap. Cicer. de Officiis.

—Mais au grand étonnement de tout le monde, du 29 au 30 Janvier, l'amant d'Orithyie, c'est-à-dire Borée, se présente avec de nouvelles armes. Le vent se met au nord.

le ciel devient serein; il fait froid; il a glacé beaucoup dans la nuit.

Le 31 Janvier. Il a neigé, le froid se soutient encore.

Le 1er Février. Froid encore.

Le 2 .... Froid vif.

Le 3 .... Encore il tombe une neige abondante.

Le 4 .... Froid moyen. C'est précisément ce jour où l'Astronome de Toulouse avait prédit un froid des plus forts; comme si on pouvait prédire qu'il fera froid ou pluie tel jour, comme on peut prédire les éclipses de soleil, de lune, etc.

Du 4 au 5.... Dans la nuit encore beaucoup de neige qui est tombée.

Le 6 Février.. Encore il est tombé une quantité étonnante de neige.

Terruit gentes, terruit urbem, grave ne rediret sœculum Pyrrhæ.

On trembla dans la crainte d'un nouveau siècle de Pyrrha.

Le 7 .... Pleine lune. Le temps change; pluie; le ciel devient vaporeux, où les brouillards paraissent. Il y a fonte générale de la neige.

Le 8 .... Pluie. La neige a toute fondu. On pense que le Ciel exaucera les vœux de tout le monde; c'est ce qui est arrivé; car depuis le 7 février ou la pleine lune, il a fait un temps superbe jusqu'à la fin de février, comme au mois de juin, quoique encore l'Astronome de Paris eût annoncé de grands froids à la fin de février; car le Thermomètre de Réaumur marque 13 degrés de chaleur. Quelle jonglerie ! et elle n'est pas la seule; et l'hiver a fini malgré la prophétie de l'Astronome de Paris.

On parle beaucoup à cette heure de l'hiver de 1709. Il fut aussi bien terrible. On peut en voir la description dans certains ouvrages, et surtout dans *Sydenham*, ouvrage de médecine, 2. vol., pag. 227 et 233. Ce médecin Anglais l'appelle *hiems sine pari.*

Elle se trouve aussi consignée dans les Chroniques du Diocèse d'Auch, pag. 171.

J'ai parlé à une dame d'un certain âge qui tenait de sa mère qui avait vu cet hiver. Elle lui disait que l'hiver de 1709 avait été un hiver des plus rigoureux, et que tout périt parce qu'il était sans neige.

—Le 13 mars de cette même année 1830, l'amandier commence de paraître en fleur.

L'ancien proverbe relativement à l'amandier se trouve ici en défaut.

Il paraît qu'il s'est ressenti lui aussi de cet hiver rigoureux.

— Encore cette année, la procession de la Fête-Dieu n'a pas pu sortir, vu le temps qu'il a fait.

— Le 4 Août, le Drapeau Tricolore fut placé à l'Hôtel-de-Ville.

— Organisation de la Garde Nationale.

— Ce mois de Septembre, on a trouvé dans la plaine, près le moulin St.-Martin, à une grande profondeur, une belle statue avec des colonnes, représentant Jupiter. A ses côtés était l'aigle avec Ganimède. C'était bien travaillé. Je l'ai vue.

On peut voir dans les Chroniques du Diocèse, que les anciens Aquitains adoraient Jupiter, qu'ils regardaient comme le maître de l'Empire des Cieux.

M.r Du Mège, Secrétaire de la Direction du Musée de Toulouse, vint l'acheter moyennant la somme de 250 francs, et la fit porter au dit Musée.

M. le Maire de la ville d'Auch aurait bien fait de s'en emparer. De tout ce qu'on a trouvé dans la plaine où était située l'ancienne ville *Climberris*, on aurait pu faire à Auch un Cabinet d'Antiquités fort curieux; quand ce ne serait qu'avec les cabinets d'antiques de M. Dayrenx, avocat, et de M. de Cologne, qui sont d'un grand prix.

MANDEMENT de Son Eminence Monseigneur le Cardinal Archevêque d'Auch, Duc et Pair de France, Primat de la Novempopulanie et de la Navarre,

A L'OCCASION DE L'EXPÉDITION D'ALGER.

JOACHIM-JEAN-XAVIER D'ISOARD, Cardinal-prêtre de la Sainte Eglise romaine, du titre de St.-Pierre-aux-liens, par la miséricorde de Dieu et l'autorité du Saint-Siége apostolique, Archevêque d'Auch, Primat de la Novempopulanie et de la Navarre, Duc et Pair de France, etc., etc.

NOS TRÈS-CHERS FRÈRES,

Des outrages à la personne de notre Consul, des insultes à notre pavillon, l'infraction des derniers traités, et l'occasion enfin venue de mettre un terme à cette violation constante de tous les droits, à une guerre de tant de siècles, à cette haine inplacable jurée au nom Chrétien; de purger nos mers de la plus odieuse piraterie; de briser des fers où ont gémi et gémissent encore tant de nos frères, et dont s'indignent à la fois l'honneur, la nature et la religion, tels sont les puissans motifs qui ont forcé le Roi à prendre les armes contre la Régence coupable de tant d'excès et de tant de crimes.

Déjà l'expédition chargée de cette noble et sainte mission a quitté nos rivages; des vents favorables l'accompagnent; et puisse-t-elle encore, avec les vœux qui s'attachent à son objet, accomplir celui de délivrer une terre si célèbre elle-même dans les fastes de la Religion et de la civilisation.

Pour en assurer le succès, la sagesse et la prévoyance semblent n'avoir rien omis, et nulle crainte ne nous resterait, si les moyens humains pouvaient suffire. Mais le Roi T. C. que l'exemple de ses pieux prédécesseurs, sa propre piété et cette humanité véritable, fille de la Religion qui, comme l'histoire le peut dire, a fait son trône de celui de nos Rois pour porter de là et répandre partout ses bénignes inspirations, ont encore excité à cette entreprise; le Roi, disons-nous, connaît trop bien l'insuffisance de l'homme, s'il n'est assisté du bras de Dieu, pour ne pas appeler à son secours ce bras puissant par qui les Rois règnent, les empires subsistent et les plus saintes causes triomphent.

A cet effet, prosterné lui-même au pied des autels, il invite son peuple à s'unir à lui pour implorer la protection de ce grand Dieu, en faveur de nos flottes et de nos armées, et lui demander le succès d'une expédition aussi glorieuse.

Tel est l'objet de la lettre que S. M. a daigné nous écrire, et dont nous vous adressons ci-joint le texte :

Lettre de SA MAJESTÉ.

Mon Cousin, au moment où le pavillon français se déploie pour aller punir l'insulte d'une puissance barbaresque, nous aimons à nous souvenir des pieux exemples des Rois, nos ancêtres, qui placèrent toujours sous la protection divine leurs entreprises militaires. Nous avons la ferme espérance que si les bénédictions du Ciel accompagnent sur les rivages d'Afrique les nobles vengeurs de l'honneur de la France, le succès de cette guerre sera glorieux pour nos armes, notre triomphe sera un bienfait pour la Religion et l'humanité. Notre intention est donc que vous ordonniez des prières publiques dans toutes les églises de votre diocèse, pour obtenir du Dieu des Armées qu'il protège toujours la bannière des Lis et qu'il nous donne la victoire que semblent déjà nous promettre la justice de notre cause et la valeur de nos soldats. Cette lettre n'étant à autre fin, je prie Dieu, mon Cousin, qu'il vous ait en sa sainte et digne garde. Écrit en notre château de St.-Cloud, le 17me jour du mois de mai de l'an de grâce 1830, et de notre règne le 6me. CHARLES.

Comte DE GUERNON-RANVILLE.

1831. — L'hiver fut doux, comme en 1826, 1827 et 1828.

— Plantation de chênes à la Porte-Neuve ou *Cours d'Etigny*.

BOIS D'AUCH.

Depuis le 26 décembre, dévastation du bois d'Auch par la populace de la ville et les Communes environnantes. On coupe de tous côtés, jusqu'aux réserves. Le peuple y va avec des tombereaux, des chariots, des chars; jamais pillage pareil. Il faut l'avoir vu pour le croire. Cette dévastation a duré jusqu'au 30 décembre au soir.

Aujourd'hui, 31 décembre, à la pointe du jour, la Municipalité fait trompeter qu'à compter de ce jour, il sera défendu de s'y transporter, et que les poursuites les plus fortes vont être faites relativement à ce bois.

Il s'en allait temps qu'on prît des mesures.

—L'hectolitre du blé se monte à 24 fr.

1832. — Quoique nous soyons au 13 Janvier, les fontaines de la ville sont toutes à sec.

BOIS D'AUCH.

Vu ce qui s'est passé relativement au bois d'Auch, les acquéreurs ont rendu ledit bois, ou bien la ville a repris cette forêt.

—Au premier février, les fontaines sont encore à sec.

Il y a huit mois qu'il ne pleut pas.

Le 6 février, il est tombé une pluie bien désirée, mais qui n'a pas duré.

— Le 6 Mai, procession faite autour de la ville avec l'image de St. Roch et de la Vierge, relativement au *Choléra-Morbus*.

Mgr. le Cardinal Archevêque d'Auch y assista en personne, de même que son Chapitre et un grand concours de monde.

— Comme en 1822, chaleurs fortes et brûlantes, sécheresse extrême, ne pleuvant point depuis un an. Cependant le raisin a été beau, le vin bon et en quantité.

Toutes les fontaines de la ville à sec, excepté celle du *Pipot* près Mont-Bernard.

Aujourd'hui, 29 octobre, le moulin de *Chélère* a commencé de moudre. Il y avait 4 mois qu'il n'allait pas, tant la sécheresse a été considérable. Cela n'arrive pas souvent.

Malgré les chaleurs brûlantes, la récolte en blé a été abondante, car on a ramassé du blé pour 3 ans; mais les arrérages, comme haricots, maïs, etc. etc., ont été en défaut.

— L'hectolitre du blé est à 29 francs.

1833. — Jours superbes, température douce, semblable à celle du mois de Mai, depuis le 5 janvier jusqu'au 29 dudit mois. Journées riantes, dignes de l'Age d'Or. Il en fut de même en 1828.

Depuis le 29 Janvier, pluie abondante jusqu'au 4 Février, c'est-à-dire tout le premier quartier de lune, il a plu constamment; aussi les ruisseaux, les rivières, les fontaines, sont toutes ravivées.

Depuis le 27 Février, pluie abondante jusqu'au 3 Mars, c'est-à-dire tout le premier quartier de lune, il a plu encore constamment. Le Gers a quitté son lit.

Le 11 Mars, il est tombé une neige abondante toute la journée. Aussi les rivières, les fontaines, ne seront plus en défaut.

—Le 24 Juillet, arrivée des St.-Simoniens à Auch. Ils sont logés dans un modeste cabaret, chez Espagne, au fond de la côte de Notre-Dame des Neiges; et c'est là qu'ils ont établi leur temple et leur chaire. Beaucoup de monde y va pour les entendre, mais peu s'en reviennent pénétrés de leurs principes.

— Depuis le 17 Juillet jusqu'au 17 Août, le temps a été frais, froid, pluvieux. Les capotes ont reparu.

La canicule arrivée, ce mauvais temps a duré encore jusqu'au 13 Septembre. Une pluie abondante a commencé la veille de Notre-Dame; plus le jour de Notre-Dame et le jour de la foire, sans jamais discontinuer, au grand étonnement de tout le monde.

— Maintenant, nous allons parler du Sacre de Mgr. l'Evêque d'Ajaccio.

SACRE DE MGR. L'ÉVÊQUE D'AJACCIO.

Tout ce que la Religion chrétienne présente de plus pompeux dans ses solennités, de plus majestueux dans ses plus belles cérémonies, tout cela s'est trouvé réuni dans la Cathédrale d'Auch, le 8 décembre, ou bien le jour de la Conception de la Ste.-Vierge, patronne de notre antique Métropole.

L'Eglise de Ste.-Marie, monument précieux de la renaissance des Arts, était destinée, pour la première fois depuis plus de deux siècles, à présenter le spectacle le plus solennel.

Un Evêque y allait être consacré. Ce Prélat dont les titres à la vénération publique sont moins dans les nombreuses distinctions dont il fut décoré, que dans ses vertus, Mgr. CASANELLI-D'ISTRIA, Evêque d'Ajaccio, était depuis long-temps distingué parmi les Prélats de l'Eglise Romaine. Destiné par elle à l'Episcopat, et en attendant attaché à l'Eglise d'Auch, en qualité de Chanoine et de Grand-Vicaire de Son Eminence le Cardinal D'IZOARD, il fut son Conclaviste aux élections de PIE VIII et de GRÉGOIRE XVI. Déjà, auparavant, Prélat du Sacré-Palais et depuis peu Protonotaire Apostolique, ce disciple aimable et bon d'un excellent maître, le confident de ses évangéliques pensées, allait, près des lieux qui le virent naître, gouverner une Eglise empressée de recevoir ses soins. Il emporta d'Auch les regrets de tous les Chanoines ses confrères.

La Métropole d'Auch était disposée pour l'auguste cérémonie.

Les tribunes qu'on avait élevées dans les deux branches de la croisée, la nef, les allées lattérales, le jubé, l'orgue, les galeries supérieures, tout était encombré de monde, un peuple immense en remplissait l'étendue, et les cloches et l'orgue fesaient entendre au loin leurs religieuses harmonies.

Pour assistans, étaient Mgr. l'Archevêque de Toulouse, Mgr. l'Evêque d'Aire et Mgr. l'Evêque de Tarbes, qui étaient venus prendre part à cette solennité.

Enfin, un autre groupe d'Ecclésiastiques portent les insignes pontificaux devant Son Eminence le Cardinal-Archevêque, qui ferme la marche.

—Par Ordonnance du Roi, établissement d'un dépôt de remonte, au *Garros*, maison de campagne de M. de Montbel, ex-ministre de France.

—Par Ordonnance du Roi, le Collége Royal à Auch.

—L'hectolitre du blé vaut 14 fr.

1834. — La floraison des arbres à noyaux, particulièrement des amandiers et des abricotiers, s'est faite le 2 janvier.

Les narcisses, les jonquilles et les hyacinthes paraissent dans nos chambres.

Les prairies émaillées de fleurs comme au mois d'avril.

Les paquerettes se montrent sur le bord des ruisseaux.

Des tapis de verdure se présentent de tous côtés à l'œil étonné.

La campagne est toute verdoyante.

Température douce. Les jours sont beaux, et les nuits plus belles.

Reste à savoir si la récolte ou la santé s'en trouveront mieux.

Le 10 Janvier, le tonnerre s'est fait entendre, et il est tombé beaucoup d'eau.

— Le 16 Février, des courses à cheval ont eu lieu sur la route d'Agen. Un monde immense s'y est rendu pour les voir.

— Février et Mars, encore des jours beaux

et sereins, température douce, sans pluie. Tout le monde est étonné.

Le blé souffre beaucoup ; il s'étiole, on craint qu'il n'y ait pas abondance.

La vigne, au contraire, a fortement poussé.

Le mois d'Avril. L'hiver n'a pas voulu perdre ses droits. Un froid vif s'est fait sentir. La *bise* ou vent du nord a soufflé fortement. Constitution boréale bien prononcée. Il a glacé beaucoup.

La vigne, qui avait fortement poussé, ou les raisins ont été bien touchés ou mortifiés.

On croit aussi qu'il n'y aura pas abondance.

— Le mois de Mai. Vu la sécheresse qu'il a fait et les malheurs qui pourraient résulter d'une constitution semblable, on a fait des prières publiques pour obtenir la pluie.

Les résultats ont été heureux.

Il a plu beaucoup pendant plusieurs jours. Le Ciel a ouvert ses cataractes, et le laboureur a obtenu de lui ce qu'il demandait.

Aussi le blé a repris un peu de force et de fraîcheur.

Beaucoup de raisins repoussent aussi.

Quant à la santé, le temps a contribué beaucoup à donner des maladies.

Il a régné beaucoup d'affections de la membrane muqueuse ; des catharres, des coryza, des coqueluches, tusses, bronchi, raucedines; beaucoup de fluxions de poitrine, des rhumatismes ; *funera multa.*

— Réorganisation de la Garde Nationale d'Auch, et le 21 Mai MM. les Officiers et délégués de la dite Garde, ont procédé à la nomination du Commandant.

L'Assemblée, réunie dans la grand'salle de la Mairie, était présidée par M. H. Druilhet, Maire. Ce magistrat a ouvert la séance par une chaleureuse exhortation ayant pour but d'engager les Gardes Nationaux à choisir un Commandant franchement dévoué au Roi, à la Charte, aux Institutions, et en état d'offrir, par son caractère et sa position sociale, à tous les Citoyens honnêtes et paisibles, une garantie d'ordre, de confiance et de sécurité. Ce discours a produit sur les assistans une favorable impression.

— Le 24 Mai, au matin, départ pour Lectoure d'un Escadron du 6e Régiment de Hussards en garnison à Auch.

— Le 24 Mai, départ de la Garde Nationale d'Auch pour Lectoure, relativement à l'inauguration de la Statue du Duc de Montebello (Lannes), à 2 heures de l'après-midi, avec le grand fort de la chaleur.

La Musique et la Compagnie des Sapeurs-Pompiers de la dite Garde, dont l'uniforme était aussi pittoresque qu'élégant, s'y rendit aussi avec deux pièces d'artillerie.

En se rendant à Lectoure, dans la journée bien chaude du 24 Mai, les Gardes Nationaux de la ville d'Auch, après avoir fait halte à la maison de campagne de M. le Commandant *Descat*, qui leur fit servir des rafraîchissemens, arrivèrent le soir à Fleurance, et reçurent de M. le Maire Persin, ainsi que des habitans, l'accueil le plus amical et le plus hospitalier.

— Construction d'un moulin à vapeur pour le blé, près le pont de la Treille, à la grange de Mme Tarbouriech.

— Son Eminence Mgr. le Cardinal Archevêque d'Auch a quitté aujourd'hui, 10 Juin, le chef-lieu de son Diocèse pour se rendre à Lectoure et successivement dans plusieurs communes de cet arrondissement, à l'effet d'y administrer le Sacrement de la Confirmation. Son Eminence ne doit rentrer à Auch que le 17 du mois courant.

— Le 21 Juillet, à 3 heures de l'après-midi, fut soutenue, au Séminaire d'Auch, avec honneur et distinction, une Thèse générale sur toute la Philosophie.

Elle fut dédiée à Mgr. l'Archevêque.

Elle était ainsi conçue :

Eminentissimo ac Reverendissimo DD. Joachim-Joanni-Xaverio, tituli Sanctissimæ Trinitatis de monte pincio, S. R. E. Presbitero Cardinali

D'IZOARD,

ARCHIEPISCOPO AUSCITANO,

Novempopulaniæ et utriusque Navarræ Primati, etc. etc.

THESES EX UNIVERSA PHILOSOPHIA.

Il s'y rendit beaucoup de monde; on se retira très-satisfait.

— Quoiqu'il n'y ait pas eu d'hiver, que la température ait été douce, cependant la récolte en blé a été bonne.

Ce qui fait voir que, quoiqu'il ne fasse pas d'hiver, que la température soit douce semblable à celle du mois de mai, cependant il peut y avoir bonne récolte en blé.

Cela ne contrarie pas cependant ce que dit Virgile dans ses Georgiques.

Le laboureur, dit-il, doit demander aux Dieux un été humide et un hiver sec. Quand l'hiver est poudreux, les blés en sont beaux et les champs fertiles.

Humida solstitia, atque hiemes orate serenas
Agricolæ. Hiberno lætissima pulvere farra.

Oui, je crois bien que quand l'hiver est poudreux, froid, sec, il y a abondance extraordinaire de blé.

Mais cela n'empêche pas aussi qu'il ne puisse y avoir une bonne récolte en blé quoique l'hiver soit doux.

Car, nous avons eu plusieurs années où l'hiver était fort doux, et où il y a eu bien bonne récolte en blé, comme il arriva en 1828 et en 1832, où l'on ramassa du blé pour 3 années, malgré la douceur de l'hiver.

Depuis le 17 Juillet, le temps a été frais, froid et pluvieux jusqu'au 8 Août, et ce jour-là le temps a commencé de devenir chaud jusqu'au 17 Août, jour où commence la Canicule, c'est-à-dire, où le Chien paraît sur l'horizon.

On voit donc que la Canicule se lève à cette heure le 17 Août.

Autrefois, du temps d'Aristote, elle se levait le 17 Juillet; à cette heure elle se lève un mois plus tard.

Canicula nunc exoritur tardiùs uno mense quam Aristotelis temporibus.

Canis, sidus est cœleste oriens die 17 mensis Augusti, occidens autem sed non totum, post dies quadraginta : quod dierum spatium, dies Caniculares appellamus. Quo tempore sidus hoc in medio cœli centro cum sole conjunctum, æstum conduplicat.

Unde æstiferum Canem apellat Virgilius. 2. Georg.

Revenant donc au 17 Août, le temps a été frais, froid, pluvieux jusqu'au 3 septembre.

Au 3 Septembre, chaleur forte; et le 8 dudit, jour de Notre-Dame d'Auch, est survenu vers les 6 heures du soir un orage qui a donné une pluie abondante accompagnée de grêle.

Le 9 Septembre. Chaleur forte encore, qui s'est soutenue jusqu'au 17 Septembre.

Cela devrait engager les propriétaires à faire construire des granges pour enfermer leurs gerbes, plutôt que de les laisser par les champs, espérant qu'il fera toujours beau temps. Ils peuvent voir que les deux mois Juillet et Août, le temps n'est pas souvent commode. On peut jeter les yeux sur les années 1829 et 1833.

— 1er Octobre. On a trouvé encore à la plaine, dans l'ancienne ville d'Auch, connue dans les itinéraires sous le nom de *Climberris*, dans un défoncement près la maison du sieur

Dupaty, jardinier, une pièce en or de toute beauté.

C'est *Néron Drusus*. Pièce très-rare. La légende est ainsi :

NERONI CLAUDIO DRUSO. GERM.
COS. DESIGN.

Le revers représente un bouclier sur lequel il y a :

EQUESTER ORDO
PRINCIPI JUVENT.

C'est M. de Cologne qui l'a achetée pour 35 francs. Je l'ai vue. Elle est bien frappée ; on dirait qu'elle vient de sortir de dessous le coin.

Enfin, on peut dire de cette plaine ce qui suit :

Plaine agréable,
Des Numismates lieu chéri :
Avec plaisir toujours on y promène,
Avec plaisir toujours on y revient.

Et cela parce que l'on y trouve souvent des choses fort curieuses.

— J'observerai au Lecteur, cette année, que le vent d'autan, vent chaud, a commencé de souffler le 3 Septembre, jour de la nouvelle lune, et a duré jusqu'au 1er Novembre, jour encore de la nouvelle lune, c'est-à-dire, deux mois constamment.

Il n'y eut que les 27, 28, 29 Octobre, que le vent changea, tourna au nord, et il glaça ces trois jours.

Voilà deux mois de vent d'autan, vent chaud, pendant deux mois, ce qui est assez rare.

Mais le 1er Novembre, le vent se mit au nord, et il alterna avec le vent d'autan jusqu'au 15 Novembre.

Le 15 Novembre, il tomba de la neige.

— Etablissement d'un Couvent de Carmelites à la maison qui appartenait à M. Pague, derrière l'Hôtel-de-Ville.

— Mgr. Casanelli-d'Istria, Evêque d'Ajaccio, est arrivé à Auch, 12 décembre, est descendu au Palais Archiépiscopal, où il a reçu tout le jour les visites de ses nombreux amis.

— Son Eminence Mgr. le Cardinal Archevêque d'Auch, a procédé aujourd'hui, 13 Décembre, à une nombreuse Ordination dans la Chapelle de son Palais.

— Ont été refaits à neuf et en bois le pont de St.-Pierre et celui de St.-Martin.

— Le 20 Décembre. On trouva encore dans la plaine une pièce en argent bien conservée. C'est l'empereur PHILIPPE avec *Otacille-Sévère*, sa femme. Pièce rare.

La légende est ainsi :

IMP. PHILIPPUS. AUG.

Le revers représente une louve allaitant *Remus* et *Romulus*.

Ludi sœculares.

Hos celebravit imperator Philippus anno post urbem conditam millésimo.

On vit paraître dans ces jeux 32 éléphans, 10 élans, 10 tigres, 60 lions apprivoisés, 30 léopards privés, 10 hyennes, 1 cheval marin, 1 rhinoceros, 10 anes sauvages, 10 giraffes, 40 chevaux sauvages, 1,000 paires de gladiateurs.

On y a trouvé encore l'empereur VOLUSIEN. Ces deux pièces sont dans mon cabinet.

On a trouvé encore à Auch une pièce en grand bronze bien conservée : c'est l'empereur HADRIEN.

Le revers représente une femme en longue robe à ceinture, la tête couverte d'une trompe d'éléphant. Elle est assise sur un rocher, tenant de la main droite un scorpion, et de la gauche une corne d'abondance; en face d'elle et à ses pieds, est une mesure renfermant des épis. La légende est : *AFRICA*. Pièce très-rare.

Cette médaille représente l'Afrique. Elle fut trouvée dans un tombeau. Elle est perforée. Je l'ai dans mon médaillier.

Claudite jam rivos, pueri, sat prata biberunt.

VIRG.

ERRATA.

Page 46, *ligne* 14;	balancier,	lisez	*coin.*
— 50, — 4;	médailler,	—	*médaillier.*
— 52, — 24,	Portentora,	—	*Portentosa.*
— 62, — 16;	environnaient,	—	*environnent.*
— 147, — 23;	Climberis,	—	*Climberris.*

Ce nom lui a été donné aussi par PEUTINGER. Il vient des mots Celtiques *Clim-berris*, ville célèbre, d'où les anciennes Chartes du pays l'appelaient *Villa-Clara.*

Quin imò. Augustus ex Hispania rediens suum ei nomen dedit Augusta-Auscorum, quasi urbs ampla Populorum celebrium qui sub Cæsare in potestatem Crassi se dediderunt, et coloniam Romanam in eâ constituit.

Vid. PTOL. lib. 2. et STRAB. lib. 4.

www.ingramcontent.com/pod-product-compliance
Ingram Content Group UK Ltd.
Pitfield, Milton Keynes, MK11 3LW, UK
UKHW012039240726
13965UKWH00003B/909

9 782013 074278